LES CARTES DE GUÉRISON ÉNERGÉTIQUE

De la même auteure :

Bébé Zen, avec Lucie Lyonnet,
Le Courrier du Livre, 2020.

Cartes créatives, avec Lucie Lyonnet,
Le Courrier du Livre, 2015.

Les Cartes Lumière, avec Lucie Lyonnet,
Le Courrier du Livre, 2014.

Textes : Lise Bartoli.
Illustrations : Lynä.
Création maquette et mise en pages :
Bénédicte Souffrant – PCA-CMB.

ISBN : 978-2-36188-645-5

www.editions-tredaniel.com
info@guytredaniel.fr
www.facebook.com/editions.tredaniel
@tredaniel_eso
@editions_exergue

Lise Bartoli
Illustré par Lynä

LES CARTES DE GUÉRISON ÉNERGÉTIQUE

ÉDITIONS
EXERGUE
27, rue des Grands-Augustins
75006 Paris

SOMMAIRE

INTRODUCTION 9
Des cartes en résonance 9
Le langage intérieur en méditation active 10
Présentation du coffret 11
Catégories de cartes 12

TRAVAIL ÉNERGÉTIQUE MODE D'EMPLOI 17
Comment réaliser ce travail énergétique ? 17

LES DIFFÉRENTS TYPES DE TIRAGE 23

LES CARTES « GUIDE SPIRITUEL »

L'Ange gardien 32
L'Animal totem 35
L'Atlante 38
Le Chamane 41

La Divinité ... 44
L'Esprit de la nature ... 47
Gaïa ... 50
La Grande Prêtresse ... 53
Le Guérisseur ... 56
Le Maître de sagesse ... 59
La Muse ... 62
La Vénusienne ... 64

LES CARTES « BLESSURES D'ÂME »

L'abandon ... 69
L'angoisse ... 72
La culpabilité ... 76
La colère ... 79
L'humiliation ... 82
L'injustice ... 85
L'insécurité ... 88
L'impuissance ... 91
La peur ... 94
Le rejet ... 97
La trahison ... 100
La tristesse ... 103

LES CARTES « EMPREINTE SYMBOLIQUE »

L'armure 109
Le bâillon 112
Les barreaux 115
Le bûcher 119
La chaîne 122
La corde 125
L'épée 129
La flèche 132
Les menottes 135
Le piège 138
Le poison 141
Le précipice 144

LES CARTES « SOIN ÉNERGÉTIQUE »

L'affusion purifiante 149
Le cocon vibratoire 152
Le colmatage 155
Le cristal inspirant 158
L'élixir vivifiant 161

L'extraction émotionnelle 164
Le fil d'argent 167
La matrice contenante 170
L'onguent pénétrant 173
Le rayon blanc 176
La section du lien 180
Le talisman 183

À PROPOS DE L'AUTEURE 187

À PROPOS DE L'ILLUSTRATRICE 189

INTRODUCTION

DES CARTES EN RÉSONANCE

Ces cartes sont issues de ma pratique en consultation individuelle mêlant l'hypnose aux pratiques énergétiques afin d'accueillir les informations en « résonance », ce qui permet d'être à l'écoute des révélations que l'inconscient de la personne envoie à mon inconscient. Dans cet espace parviennent des éléments de la vie de la personne, parfois ceux de ses parents ou grands-parents ou encore de l'inconscient universel tant notre inconscient individuel est en lien avec l'inconscient collectif. Ce sont des minifilms qui témoignent des failles qui ont été créées dans un passé récent ou lointain et qui empêchent l'énergie de circuler de façon fluide. La résonance permet ainsi d'aller à la source d'une problématique, même si l'information provient d'un temps éloigné car notre inconscient est hors temps, hors espace.

LE LANGAGE INTÉRIEUR EN MÉDITATION ACTIVE

Notre inconscient dirige nos automatismes lors des fonctions vitales telles que la respiration ou l'activité cardiaque, par exemple, mais il contrôle également la plupart de nos comportements, nos émotions et nos prises de décision rapides. Il détient aussi les éléments que nous avons vécus ou que d'autres ont vécus car existant « hors espace-temps », il est porteur d'informations universelles et anciennes. Nous avons tous, par exemple, des archétypes, ces personnages féminins ou masculins qui, à travers les films métaphoriques qui s'imposent, nous permettent d'aller à l'origine d'une faille et nous enseignent comment des blessures du passé peuvent se répercuter sur notre présent.

C'est donc une mine d'informations que l'on peut recueillir à l'aide du rêve éveillé ou ce que Jung appelle « la méditation active » qui permet cette connexion intuitive hors espace-temps. Cet état de conscience amplifié nous autorise à nous détacher d'éléments qui nous ont « formatés » mais qui nous étouffent ou nous restreignent (héritage inconscient, éducation, choix imposés...) et nous empêchent de nous retrouver, en phase avec notre aspiration, et d'avancer plus légèrement dans la vie. Il nous aide à connaître ou reconnaître nos parts d'ombre, ce qui nous gêne et même ce qu'on ne souhaite pas accepter de nos côtés sombres. Or il est essentiel d'accueillir ces zones d'ombre. C'est en les reconnaissant qu'on peut vraiment les changer...

PRÉSENTATION DU COFFRET

Ce coffret psychologique et énergétique est composé de 49 cartes. Sur 48 cartes il y a une illustration et une phrase évoquant la lame, que le consultant laisse infuser en lui. Il peut ensuite se référer au livre qui permet de mieux comprendre l'enseignement de la carte sélectionnée et les explications de visualisation pour intégrer concrètement l'expérience intérieure.

CATÉGORIES DE CARTES

La carte « Double énergétique »

Cette carte est à part. Elle représente symboliquement le « Double énergétique » du consultant.

Les 4 catégories de cartes comportent chacune 12 lames.

12 cartes « Guide spirituel »

C'est un archétype particulier qui résonne dans votre demande, dans ce moment de vie. Sa lumière vous permettra de vous sentir accompagné pendant le travail énergétique que vous réalisez au cours de votre exploration intérieure. Il est garant de vos possibilités et vous permettra d'avancer à votre rythme en vous aidant à récolter les informations que vous avez besoin de connaître tout en étant en lien avec le savoir intuitif et la connaissance universelle. Il vous permet de vous sentir épaulé, aidé, éclairé par un enseignant qui vous connaît profondément et sait ce qu'il y a de mieux pour vous. Il est nécessaire d'accueillir ce Guide de façon intuitive, même s'il prend l'apparence d'un autre personnage. L'essentiel est qu'il incarne la bienveillance. En revanche, évitez si possible d'imaginer une personne décédée pour ce genre de travail. Elle peut être présente à côté du Guide mais elle ne doit pas être seule à vous guider car pour ce type d'accompagnement profond, vous devez faire appel à un enseignant.

Attention ! Il n'est pas question d'imaginer que votre Guide fera tout à votre place ! Il vous aidera à renforcer votre intuition pour que vous soyez à même de retrouver des souvenirs enfouis. Mais il faut être sur sa vibration pour l'invoquer. Voilà pourquoi il vous est demandé un temps de méditation avant cette rencontre. Sans « vouloir », car tout se fait dans l'accueil.

12 cartes « Blessure d'âme »

Cette catégorie comprend les principales blessures d'âme. La carte sélectionnée permet de savoir de quelle blessure il s'agit ce jour-là pour vous. Votre inconscient capte votre état d'âme et réveille un événement qui a pu se passer récemment (ce matin, hier, la semaine passée, il y a dix ans...) ou il y a plus longtemps (adolescence, petite enfance, dans le ventre de votre maman...). Il peut relier aussi des événements de l'inconscient du passé familial ou collectif. Il s'agit toujours de blessures émotionnelles. Notre inconscient rappelle une situation qui a été douloureuse et qui risque de se reproduire, voire de se renforcer lorsqu'une situation semblable se présente. C'est une alarme qui permet de conscientiser la douleur afin de pouvoir retrouver son origine et s'en défaire.

12 cartes « Empreinte symbolique »

Cette carte représente symboliquement l'origine de la blessure. En effet, le symbole déclenche l'événement originel qu'il soit conscientisé (petite enfance ou après) ou qu'il appartienne à un passé familial ou provienne de l'inconscient collectif. Ces empreintes sont symbolisées par des objets que notre inconscient individuel comprend car ils sont reliés à l'inconscient collectif. Une partie de nous sait parfaitement à quoi font référence « les menottes », par exemple. Elles peuvent raviver un passé dont vous avez conscience (c'est le cas lorsque vous vous rappelez avoir été à la merci d'une personne ou enchaîné à une situation inextricable), ou un passé transgénérationnel (votre grand-mère a vécu ce type de situation). Même si vous n'en aviez pas conscience, votre inconscient en garde la trace.

Il est essentiel d'accueillir les éléments, comme un film qui se déroule, afin d'obtenir les informations les plus enfouies. Il peut donc s'agir de temps très anciens, ne soyez pas étonné si les images semblent appartenir à une autre époque. Ce qui importe, c'est que le personnage de ce film révèle un premier maillon de chaîne qui pourra vous donner l'occasion de percevoir ce qui doit être révélé et l'accueillir pour finalement le laisser se dissoudre.

12 cartes « Soin énergétique »

Ce sont des prescriptions à suivre de façon juste et aimante sur soi et sur son Double énergétique après avoir bénéficié de l'autorisation bienveillante du Guide. Ces rituels très anciens et puissants ont déjà été réalisés depuis la nuit des temps par des initiés. Ils permettent d'apaiser, voire d'éradiquer les blessures d'âme, même anciennes, et de retrouver l'équilibre énergétique.

TRAVAIL ÉNERGÉTIQUE MODE D'EMPLOI

COMMENT RÉALISER CE TRAVAIL ÉNERGÉTIQUE ?

Pensez à une question

Pensez à ce qui vous préoccupe actuellement. Il est possible que votre tracas soit récent ou qu'il soit ancien, se répétant au cours de votre existence. Il s'agit d'un comportement, d'une habitude que vous souhaiteriez abandonner, par exemple. Ou d'une émotion que vous sentez au fond de vous, même sans savoir d'où elle vient. Tentez de poser votre question, voire de l'écrire afin qu'elle soit la plus juste possible. Évitez les questionnements qui incluent une personne proche : « Comment être certaine que mon compagnon m'aime toujours ? » Il serait préférable de demander « Pourquoi ai-je peur que mon mari ne m'aime plus ? » ou « Je souhaite mieux comprendre ma tristesse (ou colère) lorsque je ne me sens pas aimée ».

Afin d'être sûr que tout se fait dans le pur respect de votre être et aussi de votre rythme intérieur, il est préférable de demander au Guide spirituel l'autorisation de travailler sur le problème choisi : est-ce le bon moment ? Si la réponse est « non », alors remettez à plus tard et modifiez votre demande. Si c'est « oui », continuez.

Si vous n'avez pas de question en tête ou si vous préférez que votre inconscient choisisse ce qui est plus juste pour vous, autorisez-vous à sélectionner vos cartes et suivre le déroulé sans analyser.

Prenez un temps d'accueil

Avant de commencer, avant même de tirer la première carte, vous devez prendre un temps pour vous afin que le travail soit encore plus puissant. Installez-vous tranquillement dans un endroit que vous appréciez, assis ou semi-couché (la position couchée incite plus à l'endormissement qu'à la méditation...). Prenez au moins 5 minutes pour vous autoriser à bien respirer afin de pouvoir accueillir toutes les idées, pensées, difficultés et pacifications qui viendront à vous.

ÊTRE EN ÉTAT D'ACCUEIL POUR UNE MÉDITATION ACTIVE

Fermez les yeux puis, à votre rythme, inspirez en sentant l'air entrer en vous et s'installer jusque dans le ventre. Sans forcer, sans vouloir « faire bien ». Laissez l'air s'installer naturellement. À l'expiration, sentez l'air que vous relâchez. Percevez ce qui change dans votre corps à ce moment (vous pouvez par exemple percevoir vos épaules, votre dos se pencher vers l'avant ou s'affaisser légèrement). Prenez le temps d'accueillir ce relâchement avant d'inspirer de nouveau. En prenant le temps, continuez à ce rythme pendant plusieurs respirations.

Une carte sélectionnée « au hasard »

Afin de sélectionner la carte qui vous convient, vous pouvez poser vos mains sur les cartes retournées (faces illustrées cachées) ou sentir visuellement leurs vibrations. Commencez ainsi à écouter votre intuition. Pour certaines personnes ce sera une petite voix qui leur parlera (« choisis cette carte-là »), pour d'autres c'est un frisson dans leur main, ou dans leur ventre. Certaines personnes perçoivent une couleur particulière sur la carte qui s'impose. C'est votre inconscient qui choisit. Cela peut sembler étrange puisque vous ne voyez pas le recto de ces cartes. Mais faites l'expérience et vous serez étonné de la puissance de votre intuition qui est déjà à l'œuvre... La carte choisie est toujours la bonne.

Activez votre carte

Cette phase est essentielle car il est impératif d'entrer en communication avec votre partie inconsciente afin de vous engager sur le chemin de transformation. Les symboles, codes et métaphores de chaque lame exprimentr un langage intuitif reconnu par votre inconscient individuel et collectif. Mais la façon dont vous recevrez intérieurement les informations, avec votre grille de perception et votre vécu personnel, est essentielle.

Après avoir retourné la carte choisie, inspirez-vous de l'illustration de la lame, ce qu'évoquent son titre et son message. Puis fermez les yeux et accueillez ce qui vous vient à l'esprit sans analyser et surtout sans juger. Il n'y a rien de « bien » ou de « mal »: il y a juste des pensées que votre inconscient vous adresse dès que vous restez dans cette position d'accueil. Si vous préférez prendre le temps de lire le chapitre en lien avec la carte pour plus d'explications, vous pouvez le faire. Mais ensuite refermez les yeux pour approfondir vos ressentis et vos messages.

Si la carte ne vous plaît pas, c'est encore plus puissant. Une part de vous connaît déjà le chemin que vous devez suivre.

Et si rien ne vient lorsque vous aurez à visualiser ou ressentir une carte, surtout ne forcez pas. Dites-vous plutôt « Si rien ne vient maintenant, cela sera peut-être tout à l'heure, ou plus tard, car il y a toujours un meilleur moment et une partie de moi le sait »...

LES DIFFÉRENTS TYPES DE TIRAGE

Tirage à une carte : carte oracle

Mélangez toutes les cartes puis étalez-les devant vous afin de voir uniquement le dos de chaque carte. En état d'accueil, laissez votre intuition choisir une carte « au hasard ». Vous comprendrez que ce qui semble être « hasard » n'en est pas un et que la carte sélectionnée est celle qu'il vous faut pour intégrer ce que vous avez besoin de savoir aujourd'hui. En écoute méditative, notez les détails qui vous touchent. Si besoin, vous pourrez reprendre cette carte en l'intégrant dans un « grand tirage » afin de réaliser concrètement et totalement un véritable travail énergétique.

Si vous souhaitez sélectionner une catégorie, prenez le tas à part, brassez les cartes avant de les étaler et choisissez une seule carte.

Tirage oracle « Double énergétique »

Méditez sur votre Double pour sentir si votre énergie a besoin d'être boostée ou apaisée. Accueillez toutes les images ou sensations et les phrases qui vous viennent à l'esprit sans analyser.

Tirage oracle « Guide spirituel »

Tirez au hasard le Guide qui vient à vous aujourd'hui pour accueillir sa bienveillance et écouter les conseils qu'il vous enseigne. Sentez ses vibrations, écoutez ce qu'il a à vous dire en fonction de ce que vous êtes en train de vivre. Il est possible qu'il vous transfère des images du passé également lorsque vous avez besoin d'explications. Accueillez sans juger et sans analyser.

Tirage oracle « Blessure d'âme »

Tirez au hasard une carte de cette catégorie puis accueillez ce que cette blessure résonne en vous, en vous rappelant un ou plusieurs événements liés à cette émotion ou cet état d'âme. Ne vous jugez pas et n'analysez pas afin de recueillir le plus d'informations possible.

Tirage oracle « Empreinte symbolique »

Tirez au hasard une carte de cette catégorie puis, les yeux fermés, imaginez ce symbole actif sur votre Double énergétique. Ouvrez votre « écran intérieur » afin de visualiser le film inconscient relié à cette empreinte. Il est possible qu'il représente des scènes d'un passé que vous avez vécu ou d'un passé ancien qui semble pour votre conscient éloigné de votre vie. Pourtant une partie de vous sait que vous êtes relié à ce film. Prenez le temps ensuite de vous défaire de cette empreinte. Si vous le souhaitez, vous pouvez ranger ce film dans une bibliothèque lumineuse. Puis sentez votre énergie se gonfler de lumière.

Tirage oracle « Soin énergétique »

Tirez au hasard une carte de cette catégorie puis lisez les explications sur le livre. Ensuite imaginez recevoir ce soin en y prenant plaisir. Quand il est fini, sentez les vibrations énergétiques autour de vous et profitez de ce moment comme d'un cadeau bénéfique que vous pourrez continuer de ressentir des jours et des semaines après.

Grand tirage en 4 phases : travail énergétique sur vous

Ce tirage est le plus élaboré. Il demande au moins 30 minutes d'exploration intérieure. Il se joue en tirant « au hasard » une carte de chaque catégorie dans un ordre bien défini. Les cartes sont tout d'abord classées par catégories et positionnées en paquet de cartes dans l'ordre suivant :

1. Guide spirituel
2. Blessure d'âme
3. Empreinte symbolique
4. Soin énergétique

À chaque tirage, prenez soin de ne voir que le dos des cartes (illustration cachée). Laissez votre inconscient choisir celles que vous devez sélectionner. Les yeux fermés, prenez le temps d'accueillir intérieurement ce qui vous vient en tête sans vous juger ni vous analyser avant de passer à la carte suivante. Le temps d'analyse viendra à la fin du grand tirage, lorsque vous écrirez ce que vous avez vécu.

Après un moment de méditation, positionnez la carte *Double énergétique* face à vous sur la table. Elle dominera les prochaines cartes. Prenez le temps de percevoir comment est ce Double. Vous pouvez le distinguer comme un reflet de votre image dans un miroir, ou bien une forme lumineuse, ou encore une ombre blanche. Il représente toute votre énergie et détient des informations capitales quant aux événements conscientisés ou enfouis.

Ensuite laissez-vous inspirer par le premier paquet de cartes pour sélectionner la carte de votre Guide spirituel qui vous accompagnera pendant tout ce travail intérieur. Percevez son apparence, son rayonnement. Si vous avez envie de lui parler, faites-le, comme par télépathie. Puis restez à l'écoute. Il est possible qu'il vous adresse déjà des informations. Si rien ne vient, lâchez prise et gardez votre cœur ouvert.

Ensuite choisissez la carte du second paquet pour savoir quelle *blessure d'âme* se réveille actuellement dans votre vie. N'analysez pas et ne jugez pas. Mais laissez vos souvenirs jaillir, qu'ils soient récents ou anciens (enfant, bébé...).

En sélectionnant la troisième carte, l'*empreinte symbolique*, vous retrouvez un symbole qui représente le premier maillon de la chaîne, l'origine de l'état d'âme. C'est sur votre Double énergétique que vous le percevez en premier. Puis vous ouvrez votre « écran intérieur » pour ressentir à votre façon une histoire qui est peut-être d'une autre époque, d'un autre lieu, une histoire qui n'est pas la vôtre mais qui est reliée à vous dans l'inconscient familial ou collectif. Ce symbole est à retirer ou transformer avant de choisir la dernière carte afin de libérer votre Double énergétique.

La quatrième carte, le *soin énergétique*, permet d'apaiser, de fluidifier, d'illuminer tout votre être. Prenez plaisir à vivre ce moment en douceur ou joie selon l'émotion heureuse qui jaillit en vous.

Grand tirage de 4 cartes : travail énergétique sur un ami ou consultant

Vous pouvez reproduire le grand tirage en guidant un sujet ou un ami. Prenez garde de ne rien « imposer ». Rappelez-vous que la seule personne qui puisse vraiment provoquer l'évolution intérieure est le consultant. Respectez ses moments de pause et ses émotions sans rien juger. Vous percevez à quoi correspond la carte tirée mais pas votre ami ? Ne dites rien. S'il ne fait pas le lien, c'est que ce n'est pas le moment, ou qu'il préfère ne pas vous en parler. Rappelez-vous toujours que c'est la personne qui est en quête qui doit trouver ce qui lui correspond. Pas la personne qui guide. En revanche, vous pouvez l'aider en lui lisant la page qui correspond à la carte tirée.

Pendant tout le processus, elle peut garder les yeux fermés. Si elle ouvre les yeux pour choisir une carte, proposez-lui assez rapidement de les refermer pour qu'elle garde contact avec son monde intérieur et qu'elle reste dans cet état de méditation active.

LES CARTES « GUIDE SPIRITUEL »

Cet archétype bienveillant et lumineux vous épaulera et saura vous inspirer pendant tout votre travail intérieur afin de retrouver des mémoires inconscientes et les apaiser. Accueillez-le comme un ami retrouvé après de longues années. Percevez son apparence ou son rayonnement, et surtout sa présence bienveillante. Écoutez ou ressentez ses messages.

L'ANGE GARDIEN

Ce protecteur vous rappelle votre vrai chemin

Enseignement

L'Ange gardien a un rôle majeur dans les moments où tout semble flou, lorsqu'il faut faire un choix par exemple, ou lorsqu'on a l'impression de se sentir seul. Car dans ces moments le doute s'installe et empêche de se reconnecter aux ressources nécessaires pour s'en sortir. Des atouts qu'on a oubliés mais que l'ange gardien connaît bien. Il avertit lorsque le chemin n'est pas le bon. À nous d'entendre... Ou pas. Il reconnaît en chacun les difficultés qui sont à vivre pour mieux être dépassées. Parfois il suffit de très peu. Mais ce « très peu » vient toujours au bon moment pour se relever et aller de l'avant sur son chemin de vie afin de se reconnecter à sa mission d'être.

Activation

Même sans le voir, vous pouvez ressentir la présence de votre Ange gardien. Peut-être l'avez-vous déjà contacté à un moment où vous aviez besoin d'être aidé ? Rappelez-vous d'un moment particulier où vous vous êtes senti protégé ou guidé. Intérieurement vous saviez que c'était lui. Mais parfois il intervient sans qu'on ait pu détecter sa présence. Ainsi il a pu vous avertir lorsque vous vous écartiez de votre chemin, vous alarmant lorsque vous rencontriez une personne toxique, ou répétiez des habitudes néfastes pour vous. Même si ce n'est pas à lui de prendre les rênes de votre vie, il peut agir plus puissamment si vous vous connectez à lui. Il vous donne alors le courage de comprendre, d'y voir plus clair puis de vous dégager des pensées ou des actes qui vous encombrent. Le retrouver régulièrement, c'est le gage de suivre avec confiance la voie qui vous correspond le mieux.

L'ANIMAL TOTEM

Il vous rappelle une valeur
que vous avez oubliée
et que vous devez faire grandir.

Enseignement

Dans la tradition chamanique, nous avons tous un animal totem qui nous relie à des ressources spécifiques en nous. Cet animal vénéré transmet sa force et son pouvoir. Il représente un esprit protecteur qui peut être présent lorsque nous en avons besoin. Il nous adresse des messages qui permettent de retrouver notre pouvoir instinctif, un aspect de nous qui était caché jusqu'à maintenant et que nous avons besoin de faire ressurgir, nous permettant de mieux nous connaître ou d'avancer plus sereinement. La puissance des animaux totems est associée aux capacités qu'ils détiennent dans la nature. Ainsi le cerf symbolise la renaissance par analogie avec les bois de cet animal qui se renouvellent chaque année.

Activation

En état d'accueil, laissez l'image ou la présence de l'animal totem venir à vous. Peut-être que vous avez déjà votre animal totem. Mais pourquoi ne pas accueillir ce qui vous vient à l'esprit maintenant car l'animal saura vous révéler ce dont vous avez besoin actuellement... À quoi ressemble-t-il ? Que vous révèle-t-il ?

Si c'est un aigle, par exemple, il s'agit de prendre de la distance pour une autre vision de ce qui vous arrive. Si c'est un loup, il témoigne de votre instinct pour vous libérer de carcans éducatifs ou sociétaux. Si c'est un ours, il apporte la force pour combattre vos idées et lutter contre l'adversité… Mais peut-être est-ce un animal que vous appréciez tout simplement (un chat, un chien, un pinson ou autre). Accueillez ce qui vous vient en tête sans analyser ni juger et ressentez surtout ce qui émane de cet animal et ce qu'il vous inspire. En vous connectant à l'énergie et à la symbolique de cet animal, vous étendrez vos connaissances sur lui tout autant que sur vous…

L'ATLANTE

Il vous rappelle que
votre puissance ne doit pas être
au bénéfice du pouvoir.

Enseignement

Mythe ou réalité, l'inspiration d'une civilisation d'intelligence supérieure décrite par Platon semble inscrite dans notre inconscient collectif. L'Atlantide est représentée comme un monde parfait peuplé d'êtres d'exception et d'un niveau spirituel très élevé. Il est dit que ces êtres avaient des capacités médiumniques supérieures et une connaissance du cristal sacré qui fut utilisée par les initiés mais qui, en se démocratisant, favorisa les prises de pouvoir. À ce moment les énergies puissantes du cristal devinrent destructrices. Assoiffé de conquêtes, gonflé d'orgueil, ce peuple y aurait perdu sa sagesse, ce qui dégénéra en guerres. L'île fut alors engloutie par la mer, selon la légende.

Activation

Ce Guide réveille la part de spiritualité et de médiumnité qui sommeille en vous. Il rappelle toutefois que l'attrait du pouvoir est d'une grande nocivité car à force de croire pouvoir tout faire, l'ego enfle tant et si bien qu'il entraîne vers une chute bien douloureuse.

Les questions à vous poser tournent autour de la justesse de vos actes et pensées pour vous et pour votre entourage car selon la loi de cause à effet, nous sommes responsables de nos actes. Un avenir juste est donc bien la conséquence de ce qui a été dit ou pensé... Il est temps de remettre à jour votre passé pour que présent et futur soient différents. Si vous avez connu des litiges, il est temps d'y mettre fin et de couper avec ce passé afin de rétablir la paix intérieure et l'équilibre car votre énergie doit être guidée par l'authenticité et le positif pour vous et les autres.

LE CHAMANE

Il vous enseigne comment passer d'un état de conscience à un autre pour évoluer.

Enseignement

Intermédiaire entre les hommes et l'invisible, le chamane est reconnu comme doué pour passer d'un état ordinaire de conscience à un état permettant la communication avec les esprits afin de restaurer les dégâts causés en soi et à l'extérieur de soi. Son rôle est de maintenir l'équilibre entre monde visible et monde invisible afin que chacun soit connecté aux énergies de la planète. Les chamanes sont réputés pour détenir le pouvoir de guérison en accédant à des informations accessibles aux initiés. Ils sont aussi doués pour percevoir les comportements que leur communauté doit suivre pour sécuriser leur présent et leur avenir proche, notamment en période de crise.

Activation

Le chamane est souvent représenté avec des habits de cérémonie qui lui permettent de passer du monde visible au monde invisible. Accueillez-le tel qu'il vous apparaît sans vous demander si c'est un costume authentique ou une invention de votre imagination. Peut-être qu'il danse, qu'il chante. Peut-être pouvez-vous entendre le son du tambour qui accompagne les séances de chamanisme. Un son magnifique et vibratoire et dont le rythme s'intensifie. Au diapason des battements du cœur de la terre, ce son aide à changer de réalité.

Parlez au chaman de ce qui vous préoccupe et percevez ce qu'il a à vous apprendre aujourd'hui. Il est prêt à vous accompagner dans un voyage intérieur au-delà de l'espace et du temps. Il est temps de redécouvrir des souvenirs enfouis que vous avez besoin maintenant de connaître.

LA DIVINITÉ

Elle vous aide à sortir
de votre zone de confort
pour accéder à une nouvelle voie.

Enseignement

La divinité est une énergie spirituelle qui est différente selon la culture et la religion.

Pour les chrétiens il s'agira de Jésus-Christ, fils de Dieu ou encore de Marie. Les saints peuvent également être appelés. Il y a d'ailleurs différents saints selon le problème rencontré. Nul besoin d'être pratiquant pour accueillir une divinité ! Il arrive que des non-croyants soient étonnés de percevoir la présence de la Vierge, par exemple. Cette représentation permet de croire en une aide puissante plutôt qu'à un « hasard » dont on serait le jouet. À l'aide de requêtes et de prières on a le sentiment d'être aidé, protégé par une aide supérieure qui saura nous entendre et répondre à notre demande. Au lieu de se sentir freiné, voire limité ou effondré, on peut alors se sentir porté par plus grand que soi et ainsi se dépasser.

Activation

Il est possible que la divinité que vous percevez soit la seule imaginable pour vous selon vos croyances. Mais il se peut aussi qu'une personne qui vous semble inconnue s'impose, provenant de panthéons divers. Accueillez sans analyser car c'est déjà une preuve de lâcher-prise bénéfique pour la suite de votre travail intérieur. Notre mémoire collective est connectée à tous les dieux vénérés dans le monde depuis la nuit des temps et votre inconscient individuel est relié à ces personnages mythiques comme Bouddha, une divinité grecque de la sagesse ou de l'amour (Athéna, Aphrodite) ou scandinave comme Freyja, déesse de l'amour et de la magie. D'autres personnages peuvent apparaître si vous êtes relié à la puissance divine de l'Inde ou de l'Égypte ancienne. Si vous voyez ou ressentez juste une lumière, c'est très bien aussi. La Divinité vous enseigne qu'il est nécessaire de sortir de votre zone de confort pour vous autoriser à accueillir une nouveauté bénéfique pour vous.

L'ESPRIT DE LA NATURE

Il vous enseigne les lois
de la nature car il y a un sens
caché dans chaque cycle de vie.

Enseignement

Ce Guide provient des quatre éléments : les esprits de la terre comme les gnomes, les fées ou les elfes, les esprits de l'eau comme les Ondines, les sirènes ou les nymphes qui habitent les espaces aquatiques, les esprits de l'air, comme les Sylphides, les licornes et enfin les salamandres, esprits de feu associés à la kundalini. C'est l'alliance de tous ces éléments qui œuvrent ensemble pour aider à une meilleure harmonie dans le cycle de la vie. L'Esprit de la nature rappelle qu'il faut revenir à un équilibre des énergies. Lorsqu'on se sent « coincé » sur un échec, ou dans un mauvais passage de vie interminable, il nous invite à croire aux lois de changement de l'univers. Après une période difficile, un nouveau cycle de changement peut commencer, plus positif.

Activation

L'Esprit de la nature prend l'apparence qui vous vient en tête. Est-ce un esprit de l'air ? De l'eau ou de la terre ? Vous pouvez accueillir l'image d'un esprit que vous avez vu sur un livre ou un dessin, ou bien inventer votre représentation. Car ce n'est pas tant l'apparence que la présence énergétique de ce Guide qui est essentielle... Parlez-lui des tempêtes que vous traversez ou des difficultés qui vous habitent. Il vous aidera à comprendre dans quel cycle vous êtes. Il y a des moments où il faut surmonter les tornades de la vie et leurs émotions débordantes pour avoir ensuite accès au tournant qui mène vers des moments calmes. Car dans la vie comme dans la nature, il y a des cycles à suivre. Vouloir aller trop vite ou trop fort ne sert à rien et est épuisant. L'Esprit de la nature vous informe qu'il est urgent d'accueillir ce temps comme un apprentissage de toutes les expériences difficiles que vous avez surmontées. Un cycle nouveau peut s'ouvrir dès lors que le cycle précédent est clos. Vous pourrez alors être fier de vos efforts et de votre avancée.

GAÏA

Elle vous reconnecte
avec votre environnement.
L'union fait la force.

Enseignement

Gaïa, la déesse grecque, est la personnification de la Terre, une métaphore qui rejoint la Terre Mère des Amérindiens ou la Pachamama des Andes: cette terre source de vie, qui nous porte, nous offre abondance de nourriture. Elle nous rappelle les liens puissants que nous avons avec tous les éléments de l'univers avec lesquels nous sommes interconnectés. Les racines puisent dans la terre ce dont l'arbre a besoin, ce qu'il y a de plus profond. Gaïa nous montre le chemin qui est de s'élever en utilisant toutes les forces autour de nous... L'éclosion puis l'abondance jaillissent depuis la terre fertile.

Activation

Mère Nature peut prendre n'importe quelle forme. On la représente comme une femme mais elle prend surtout l'apparence qui vous vient à l'esprit, sans réfléchir. Elle annonce qu'il est temps de féconder un projet et de l'ancrer concrètement. Cela peut être un nouveau comportement, une nouvelle idée, une nouvelle manière de vivre. Lorsque Gaïa est devant vous, communiquez ce qui vous gêne et ce que vous souhaitez changer. Profitez de ce moment pour imaginer les désirs que vous souhaitez vraiment enraciner et faire grandir. La créativité permet d'arroser la terre fertile pour un nouveau cycle, un renouveau. Alors restez à l'écoute des signaux qui vous sont délivrés par la nature et par ceux qui vous entourent. C'est une alliance qui permettra de ne plus vous sentir seul et finira par faire fleurir vos projets.

LA GRANDE PRÊTRESSE

Gardienne de la tradition,
elle vous rappelle que le chemin
juste est celui qui vous apaise.

Enseignement

Dans les temples de l'ancienne Égypte, les prêtresses étaient aux côtés des prêtres car on ne pouvait pas imaginer un monde juste masculin. Il fallait donner une place essentielle au féminin pour que règne l'harmonie terrestre et cosmique. Afin que tout soit cohérent, que rien ne s'écroule, la grande prêtresse, telle la reine des sorcières, maintient l'ordre de l'univers à l'aide de rituels magiques. Proche des dieux, elle fait respecter la tradition et trouve les solutions les meilleures. En Grèce, les prêtresses délivraient les prophéties confiées par les dieux. Elles ont donc le don de clairvoyance et c'est bien en état modifié de conscience que la pythie pouvait être en lien avec la divinité du temple pour obtenir des réponses. Grâce à la puissance de ses oracles, la Prêtresse nous rappelle que l'intuition apporte la sagesse. Telle une souveraine, elle déclare les choix qui doivent être effectués et comment les injustices commises dans le passé doivent être réparées pour que la paix s'installe.

Activation

Cette Grande Prêtresse vient à vous avec un magnifique message: le rappel du sacré. Mettez-vous en accord avec ce Guide dont l'apparence ressemble peut-être aux femmes de la grande tradition grecque, romaine ou égyptienne. Elle détient le lien avec les sphères les plus élevées et elle peut prévoir, selon votre comportement actuel, ce qui sera dans un futur proche. Elle sait que vous avez la capacité d'entendre ce qui est bon pour vous et vous faire confiance afin d'être en phase avec votre monde intérieur et votre chemin de vie. Maîtresse des mystères, elle vient vous aider à révéler un secret, une culpabilité, une blessure qui n'avait pas fait surface jusqu'alors car caché ou incompris mais qui mérite d'être connu car alors vous en sortiriez soulagé.

LE GUÉRISSEUR

Il vous aide à croire
en vos potentiels
de transformation.

Enseignement

Ce Guide a acquis sa puissance grâce à ses expériences de vie et à sa formidable empathie. Il aime aider les autres et sait instinctivement ce qui est bon pour eux. Il détient le pouvoir de manifester dans la réalité ce que l'on espère au plus profond de soi. Il y a donc une pensée ou une idée qui demande à être concrétisée dans le réel. Mais le Guérisseur nous rappelle que la pensée se matérialise uniquement lorsque l'intention est forte. Il faut en effet croire pour que la demande se réalise, c'est alors que la prière devient miracle.

Activation

Comment vous représentez-vous ce guérisseur qui vient près de vous ? Est-ce un homme à l'apparence d'un mage ou d'un alchimiste tenant dans ses mains un grimoire contenant de précieuses recettes de bien-être ? Est-ce une sorcière lumineuse fabriquant une potion d'herbes ? Percevez l'endroit où ce personnage vit. Dans la montagne, la forêt ou la campagne ? Si c'est une époque lointaine, accueillez ce qui vient sans analyser car les archétypes au niveau de l'inconscient collectif sont dans un autre espace-temps. Racontez-lui ce qui vous manque afin qu'il vous accompagne dans un voyage qui vous permettra de croire en vos compétences pour passer à l'action et atteindre vos objectifs de vie.

LE MAÎTRE DE SAGESSE

Il vous enseigne la parole juste
car il détient le savoir universel.

Enseignement

Le Maître de sagesse est un éveilleur de conscience qui révèle la lumière en chacun de nous. Il comprend les tumultes qui traversent les êtres humains. Il sait aussi la force cachée qui permettra de retrouver le calme intérieur quand on la laisse jaillir. On l'imagine souvent en retrait du monde extérieur qu'il trouve trop agité. En effet, il est plus intéressé par le monde intérieur et la connexion avec les sphères élevées. Il accompagne ceux qui le souhaitent à tirer profit de leurs expériences, même les plus difficiles, afin de les transformer en force, voire en leçons de vie.

Activation

Imaginez ce sage près de vous. Il ressemble peut-être à un personnage de l'Antiquité comme un philosophe grec, ou un vieux sage chinois. Percevez ses vêtements, l'endroit où il médite, sa façon de se tenir. Puis sentez surtout sa présence. Et peu importe si vous ne le visualisez pas vraiment. L'important est de percevoir que sa lumière peut vous toucher au plus profond de vous.

Lorsque vous êtes connecté au Maître de sagesse, adressez-vous à lui oralement ou par la pensée, comme par télépathie. Avec le plus d'authenticité possible, parlez-lui de vos doutes et de vos peines. Il vous guidera vers le chemin qui vous permettra de vous recentrer, de retrouver qui vous êtes et ce que vous souhaitez vraiment.

LA MUSE

Elle vous souffle l'inspiration, la bonne idée, la solution dont vous avez besoin

Enseignement

Les peurs et les expériences du passé ont du mal à être oubliées. Un travail d'introspection permet d'aller les affronter afin de faire tomber les barrières de doutes ou de blessures qui empêchent d'avancer. Une nouvelle énergie est alors nécessaire pour cette transformation et la Muse souffle le vent du renouveau qui aide à surmonter les épreuves anciennes en sachant que c'est ainsi que vous pourrez vous en libérer pour aller positivement vers l'avenir.

Activation

Comment concevez-vous la présence de ce Guide ? Au-dessus de vous, tout à côté ? Elle a peut-être l'apparence de ces muses que vous avez vues en peinture ou en sculpture ? Votre inconscient s'est nourri de tant d'images... Prenez celle qui vous vient en premier. Puis percevez le problème que vous souhaitez résoudre actuellement dans votre vie. Cette inspiratrice vous guidera dans votre travail intérieur pour vous souffler le bon chemin. Il suffit parfois d'un mot, d'un ressenti ou d'une vibration pour comprendre. Et puis la Muse sait jouer avec les éléments extérieurs pour envoyer sa réponse via un nuage, une tache, une fleur... Ouvrez l'œil ! Les réponses flottent autour de vous.

LA VÉNUSIENNE

Elle vous encourage à écouter votre cœur pour discerner ce qui est bon pour vous.

Enseignement

Chaque planète dans l'univers possède une énergie spécifique. Vénus est celle qui scintille le plus puissamment dans le ciel et à ce titre elle est depuis longue date associée à l'amour universel. Par extension, les êtres qui habitent symboliquement cet astre sont réputés pour rayonner de bienveillance, de compassion et de douceur. Difficile de trouver telle radiation lumineuse sur Terre. La Vénusienne transmet le rayonnement affectif puissant qui permet de sonder la réponse intérieure juste, celle qui permet d'être aligné tout en apaisant autour de soi. Elle enseigne que les décisions les plus authentiques sont celles qui passent par le cœur plutôt que par la raison, particulièrement dans les temps de houle et de tumulte.

Activation

La Vénusienne brille de mille feux. Peut-être qu'elle vous apparaît sous forme de lumière, ou sous l'apparence de la déesse grecque, symbole d'amour ? Prenez bien le temps de ressentir son rayonnement d'amour qui est plus puissant que tout ce que vous avez pu éprouver. Laissez-vous imprégner de cette sensation car elle vous permettra de vous apprécier à votre juste valeur et d'être en lien avec des âmes sœurs émettant le même rayonnement. Peu importe ce que vous traversez, préservez votre authenticité. Plus vous vous aimez, plus vous attirez des personnes bonnes pour vous et des situations plus calmes. La Vénusienne vous écoute et vous comprend. Elle vient vous rappeler que l'amour est plus fort que tout. C'est le moment de vous laisser guider par votre cœur. Que vous souffle-t-il comme idée ou apaisement ? Suivez l'idée, la pensée, l'acte qui est au diapason avec vos valeurs morales et spirituelles pour retrouver la paix intérieure et la joie d'aimer.

LES CARTES « BLESSURES D'ÂME »

Ces cartes représentent les blessures émotionnelles que vous gardez au fond de vous. Elles sont apparues dans votre vie à un moment que vous avez peut-être oublié ou qui vous a semblé banal. Mais telles des brèches, elles se sont ouvertes avec le temps, vous empêchant de vivre en phase avec vos aspirations. Toujours présentes, elles risquent de s'installer pour un temps, voire de s'incruster dans toute votre énergie, limitant vos dispositions naturelles à être vous-même. Le premier pas est de reconnaître l'état d'âme que votre partie inconsciente sélectionne et de l'accueillir sans jugement afin d'éviter d'être dans le déni. Car une blessure ne peut être modifiée qu'en étant d'abord accueillie et comprise. Le temps du changement vient toujours en second. Reconnaître un état émotionnel difficile est une formidable opportunité d'accéder à un nouvel état d'âme.

L'ABANDON

Difficile de vous engager
ou de décevoir : on risquerait
de vous délaisser.

Enseignement

Le sentiment d'abandon provient bien souvent de la petite enfance, lorsque le petit est séparé de son parent (maternité, crèche, école) ou qu'il sent qu'il n'a pas été désiré ou aimé, qu'on lui préfère le petit frère qui vient de naître par exemple... C'est bien naturel puisque le tout-petit ne peut survivre sans ses parents. Lorsque la séparation a été douloureusement vécue, elle crée une peur de retrouver une telle souffrance, ce qui bien souvent a l'effet pervers d'attirer les situations redoutées, ce qui entraîne un doute face aux relations affectives. Le fait de reproduire ces émotions au fil du temps renforce l'impression de ne pas pouvoir être aimé, entretenant la crainte d'être toujours délaissé et de vivre une existence sans amour. La personne peut alors fuir tout contact et engagement ou à l'inverse s'agripper aux autres avec possessivité dans le but d'être aimé. Il en résulte une basse estime de soi nourrie par la pensée d'être sans valeur et de ne pas mériter ce qui est bon.

Activation

L'abandon est toujours vécu en lien avec l'entourage. Alors, avec l'aide de votre Guide, repérez si vous craignez que les autres vous délaissent, que ce soit au travail, en amitié ou en amour. Identifiez les sensations, les pincements au cœur, les peurs que vous ressentez dans ces moments-là. Puis accueillez le premier souvenir lié à la douleur d'être séparé. Peut-être est-ce dans votre enfance, voire bébé. Pour l'instant il est essentiel d'accueillir les difficultés que vous éprouvez lorsque vous êtes lié à une personne et que vous êtes traversé par des pensées de jalousie et de doutes (m'aime-t-il ? Est-ce pour la vie ?). Percevez s'il y a d'autres origines plus lointaines qui vous ont été transmises. Vous apprendrez d'autres informations lors de la phase suivante.

L'ANGOISSE

Vous avancez dans votre vie
en imaginant que le pire peut arriver.

Enseignement

Cette blessure est la conséquence d'un événement si stressant qu'il est resté gravé au niveau inconscient. C'est un impact signifiant donnant l'impression qu'il est difficile, voire impossible, de contrôler ce qui se passera dans le futur proche et lointain. Cet état d'âme laisse place à une rumination constante en songeant qu'une catastrophe pourrait arriver à tout moment. Allant de l'inquiétude à la panique, le curseur témoigne de l'amplitude de cette crainte de l'inconnu qui peut se muer en une interrogation existentielle perpétuelle. Les déclencheurs sont souvent des événements ayant laissé une trace dans l'inconscient tel un déménagement soudain et mal vécu, une maladie, un accident, la mort d'un membre de la famille, une séparation douloureuse... L'idée fait son chemin: « un nouveau malheur peut advenir à tout moment contre lequel je ne pourrai rien », ce qui provoque l'angoisse... Palpitations cardiaques, gorge serrée, ventre noué, insomnies sont les manifestations physiques les plus courantes qui en découlent le plus souvent.

Activation

Observez en premier lieu ce que le mot « angoisse » peut faire résonner en vous.

La sensation peut être diffuse, comme un vague à l'âme, une perception qui va et vient au fil du temps et des événements. Reconnaissez ce qui vous vient à l'esprit sans déni ni jugement. Accueillir vos émotions sans les rejeter est un premier pas vers la transformation. Si l'inquiétude est une « vieille amie », vous avez sûrement dû vous y habituer tout en espérant en être un jour débarrassé... Peut-être même avez-vous mis en place des stratégies vous permettant de déjouer pour un temps votre anxiété (beaucoup travailler, ou à l'inverse vous isoler, compenser par une dépendance à l'alcool, la cigarette, la nourriture...). Mettez-vous à l'écoute de vos souvenirs. Il est possible qu'ils datent de votre petite enfance, voire de vos premières heures de vie si vous avez été séparé de votre maman à la naissance par exemple. Rappelez-vous si vous vous sentiez en paix lorsque vous jouiez dans votre chambre, ou si un événement inquiétant est arrivé (décès d'un proche, maladie grave, accident). Il est possible que le premier sentiment d'angoisse se soit manifesté déjà à cette époque-là. Mais il peut remonter à plus loin, dans la vie de vos parents ou grands-parents s'ils étaient eux-mêmes angoissés. La prochaine carte peut vous apporter des réponses supplémentaires.

LA CULPABILITÉ

Vous êtes mal à l'aise
en pensant aux erreurs
que vous avez commises.

Enseignement

Cette émotion est commune à tous. Elle provient d'une faute réelle ou imaginaire commise envers une personne spécifique, sa famille, la communauté... C'est un garde-fou bien utile pour vivre en société car la transgression est souvent suivie de regrets, ce qui nous pousse à nous excuser ou modifier notre façon d'être pour être au mieux avec les autres. Toutefois bien souvent le fait d'avoir menti ou blessé une personne est jugé par notre moi moralisateur qui renforce les remords et nous empêche de vivre sereinement. C'est le cas lorsqu'on prend une semaine de vacances en sachant que nos collègues devront travailler plus, par exemple. La culpabilité peut alors nous gâcher notre congé. C'est encore la pièce qu'on n'a pas donnée à ce sans-logis dans la rue. Notre gendarme intérieur nous rappelle notre « faute ». Se sentir coupable est une façon de s'autopunir. Comme si porter le poids de cette culpabilité allait racheter la faute commise.

Activation

Percevez la façon que vous avez de vous juger lorsque vous vous comportez mal ou que vous lancez une phrase qui blesse une personne. Regrettez-vous vos gestes, vos paroles ? Si c'est le cas, cela témoigne de votre empathie. Toutefois si ces sensations sont trop courantes ou si elles résistent au temps, il serait utile de savoir si vous avez été élevé dans un cadre strict et culpabilisant ou si votre Moi intérieur, tel un critique, vous juge incessamment en vous rappelant combien vous êtes fautif. Cependant l'origine ne provient pas toujours des entorses aux bonnes règles : c'est le cas si vos parents se sont séparés par exemple et que vous avez cru que vous étiez coupable ou qu'on vous a répété que vous étiez un bébé non désiré, arrivé au mauvais moment... Les blessures du passé peuvent être encombrantes et renforcer votre sentiment de culpabilité. Mais pour vivre votre présent, il est essentiel de libérer les erreurs que vous pensez avoir commises en pardonnant à vous et vos proches.

LA COLÈRE

Vous ne vous êtes pas senti compris ou respecté.

Enseignement

La colère se manifeste à de nombreux moments dans notre vie. Elle est une réaction nécessaire pour exprimer ce que l'on a sur le cœur lorsqu'on se sent dénigré, incompris ou agressé. L'énergie qui surgit est l'occasion de montrer son exaspération verbalement ou physiquement, d'affronter les injustices et de poser ses limites personnelles. Toutefois lorsqu'elle est trop intense ou trop répétée, cette émotion peut être néfaste car elle force l'énergie à être en surchauffe, ce qui est cause de fatigue physique et nerveuse. De même une rage gardée intérieurement faute d'avoir pu être communiquée risque à long terme d'entraîner une rumination constante jusqu'à devenir nocive à force d'accumuler les frustrations.

Activation

À l'aide de votre Guide qui est dans le non-jugement, accueillez cette blessure pour mieux la reconnaître. Percevez le degré de votre colère entre 1 (petite colère) et 10 (rage) et ce que cela remue intérieurement en vous. Revisitez les énervements que vous avez vécus afin de discerner s'il y a un point commun entre toutes ces réactions émotionnelles. Ressentez si la colère s'est répétée au fil du temps avec les mêmes causes, si vous avez pu les exprimer ou si tout est resté à l'intérieur, dans votre cœur, dans votre ventre, dans votre tête. Peut-être est-elle toujours dirigée vers le même type d'agresseurs, vous provoquant les mêmes comportements. Et si vous parvenez à remonter à votre première colère, détaillez quelle information vous est proposée comme premier maillon de la chaîne. Faites-vous aider de votre Guide ou de votre Double qui détiennent les éléments inconscients essentiels, y compris ceux qui proviennent de votre famille. D'autres révélations vont surgir dans la phase suivante grâce à la carte « empreinte symbolique ».

L'HUMILIATION

Vous vous repliez
car vous préférez ne pas risquer
d'être jugé ou critiqué.

Enseignement

Cette blessure témoigne d'une souffrance liée aux critiques qu'un enfant a pu subir à la maison ou à l'école car parfois le dénigrement peut provenir autant d'un adulte que d'un enfant. À l'heure des réseaux sociaux, on s'aperçoit à quel point les enfants moqués, voire harcelés à grande échelle sont dans une réelle souffrance traumatique. Ils pensent qu'ils sont sans valeur, s'autocritiquent en permanence puis passent par des phases de retrait et de dépréciation jusqu'à se sentir incapables de décider ce qui est bien ou mal, indignes d'être aimés, et finalement de vivre... Ils trouvent normal d'être critiqués et s'autopunissent en se retirant du monde social, dans une bulle, afin d'éviter d'être confrontés à de nouvelles critiques ou à l'inverse trouvent tout de même la force d'avancer dans la vie sur la défensive en gardant toujours l'idée qu'ils pourraient être déstabilisés.

Activation

Percevez comment s'active ce sentiment d'humiliation dans votre vie. Songez au premier moment qui vous vient en tête lorsque vous vous êtes senti de trop ou que vous avez eu peur d'essuyer une critique. La peur d'être jugé vous a peut-être permis de mettre en place une stratégie pour éviter d'être blessé. C'est le cas si vous préférez être en retrait lorsqu'il s'agit de prendre une décision et que vous évitez toute forme de débat ou de réunion. Votre inconscient a la possibilité de vous rappeler l'origine de cette blessure. Peut-être vous a-t-on rabaissé durant votre enfance, que ce soit à l'école ou à la maison. Une première critique a pu vous fragiliser. Parfois c'est juste une remarque sur votre physique, une remontrance sur votre façon de vous habiller ou de parler et qui s'est renforcée par une autre critique, un autre moment de honte. Il est temps de renforcer votre estime personnelle pour connaître votre vraie valeur.

L'INJUSTICE

Vous êtes sensible à l'inégalité,
ce qui vous gâche parfois l'existence.

Enseignement

Il est tout à fait naturel de ressentir cette blessure lorsqu'on subit une injustice réelle. Il est en effet normal de se sentir blessé quand on nous a manqué de respect ou que l'on se sent accusé à tort alors qu'on est innocent. Mais lorsqu'on se plaint trop souvent sans réelle cause objective, c'est la preuve qu'on a appris à trouver des fautifs de notre malheur (nos parents, notre patron, notre frère, la vie, l'école...). Bien sûr il peut y avoir de réelles inégalités vécues mais la sensation de subir l'injustice en permanence marque un état de résignation, un fatalisme que rien ne pourrait changer puisqu'il vient de l'extérieur. Bien souvent dans ces cas l'origine se trouve pourtant en nous, plus précisément dans l'enfance lorsque petit on prend conscience que nos parents ou nos professeurs manquent de considération à notre égard. Le risque est de se sentir victime d'injustice et d'avoir l'impression d'être la cible de la malchance. On se met à traquer la moindre inégalité tout en faisant des reproches aux personnes de l'entourage.

Activation

Vous ne supportez pas les inégalités. Si au travail on encense votre collègue alors que c'est vous qui avez tout fait, vous vous sentez meurtri, si vous apprenez que votre salaire est moins important que les autres ou plus généralement si vous avez l'impression que les autres sont toujours mieux lotis que vous, vous en concluez que vous êtes un laissé-pour-compte.

Les mensonges et calomnies vous font horreur car ils vous rappellent les blessures d'avant. Il est sain d'exprimer votre insatisfaction dans de tels cas. Mais si vous vous apercevez que vous vous plaignez souvent, il y a de fortes chances que ce côté « Calimero » éloigne les autres de vous alors que vous attendez d'eux une forme de réconfort. Le risque est de transformer vos plaintes en tristesse ou colère et que personne ne trouve plus grâce à vos yeux. Des injustices d'enfant n'ont sans doute pas été entendues. Une comparaison avec une sœur, une punition exagérée, une vérité raillée... Appelez le moment clé qui vous a marqué et a dilué votre optimisme, que cela soit arrivé à vous-même ou à une personne de votre famille.

L'INSÉCURITÉ

Les séparations réveillent un manque de sécurité affective.

Enseignement

Le sentiment de sécurité affective s'inscrit dans les premières années de vie en lien avec l'attachement et détermine nos relations aux autres. Le psychiatre John Bowlby a démontré que l'attachement est un besoin primaire aussi essentiel que le besoin alimentaire et corporel. En effet un bébé a besoin de ses parents pour vivre. S'il est en peine, il trouve du réconfort auprès de la personne qui prend soin de lui et pourra alors explorer le monde avec un sentiment de sécurité. S'il ne se sent pas en sécurité, ne parvient pas à être entendu ou s'il subit trop de chocs émotionnels et de séparations, il risque d'engendrer un sentiment d'insécurité qui peut générer une stratégie d'inhibition de son système d'attachement en se sentant comme éteint (plus la peine d'appeler, personne ne me console) ou suractiver ses demandes affectives pour se sentir compris, ce qui risque d'entraîner anxiété, manque de confiance en soi et peur de l'avenir.

Activation

Interrogez vos relations aux autres sans jugement pour mesurer le niveau de votre insécurité affective. Une partie de ces angoissés ont des difficultés à se séparer et ne supportent pas d'être loin de l'autre. Ils sont souvent jaloux et s'accrochent à leur partenaire en lui réclamant sans cesse des marques d'affection. Il y a ceux qui sont toujours à la recherche du partenaire idéal, celui qui comblera leur demande de sécurité. D'autres témoignent de leur volonté de rester seuls en clamant haut et fort une indépendance amoureuse en expliquant qu'ils vivent bien mieux ainsi. Ces comportements se retrouvent également dans les relations de travail car l'insécurité affective se joue sur plusieurs niveaux. C'est le cas si vous avez toujours peur que votre patron vous renvoie ou que vous faites du zèle pour être apprécié et reconnu professionnellement. Pour encore plus d'informations, enquêtez auprès de vos parents pour savoir ce qu'ils ont vécu petits avec leurs parents car souvent les sentiments d'insécurité se transmettent inconsciemment.

L'IMPUISSANCE

Vous doutez de vos possibilités d'agir sur les événements à venir.

Enseignement

Tout le monde a vécu le sentiment d'impuissance dans sa vie. Dès l'enfance, nombreux sont les moments où on ne peut acquérir ce que l'on souhaite. Bien entendu on ne peut pas tout obtenir et on apprend ainsi que certaines limites sont indépendantes de notre volonté, même lorsqu'on voudrait bien faire. C'est dans ces moments qu'il est possible de déployer de nouvelles stratégies réalistes et plus disponibles, ce qui renforce notre capacité à résoudre ce qui ne va pas et à pouvoir agir sur les événements. Mais d'autres enfants vivent cette situation d'échec si douloureusement qu'ils ont l'impression d'être toujours freinés. À force de frustrations, ils deviennent parfois résignés ou en colère, sans pouvoir trouver d'issue, ce qui leur donne la sensation d'être incapables de maîtriser le cours de leur vie. Dès lors le sentiment d'impuissance grandit et s'installe au fil du temps.

Activation

Comment cette émotion résonne-t-elle en vous ? Ressentez à quel moment vous avez dernièrement eu cette sensation d'impuissance. Vous avez été confronté à un événement que vous n'avez pas pu maîtriser : une maladie, un décès, un accident qui vous touche (vous ou une personne de votre entourage). Avec l'aide de votre Guide, accueillez les autres événements pour lesquels vous avez cherché des solutions sans pouvoir aider comme vous le souhaitiez. Puis remontez au tout premier événement ou à la première série d'événements. Peut-être est-ce dans votre petite enfance ou dans l'adolescence. Des échecs répétés ont pu vous laisser croire que vous ne pouviez pas y arriver. Ce sentiment s'est peut-être amplifié au fil des ans pour se porter sur des événements sur lesquels vous n'avez forcément pas prise (pandémie, guerre). Il est bien naturel d'avoir envie d'aider ceux qu'on aime et de chercher ce qui pourrait les sauver. Mais les petits actes d'empathie (un mot, une fleur, une caresse, un sourire) peuvent déjà apporter beaucoup aux autres et à vous-même en désamorçant un système de croyance qui vous a trop empêché de profiter vraiment de la vie et de partager des petits plaisirs quotidiens avec vos proches.

LA PEUR

Une peur continue de vous travailler et vous empêche de vivre sereinement.

Enseignement

La peur est ressentie en présence d'un danger réel ou imaginaire que nous rencontrons ou que nous pensons pouvoir rencontrer. C'est donc une émotion essentielle et salvatrice car elle nous pousse à fuir ou à éviter une situation menaçante. Un lieu, une parole, une situation semblable à ce qui nous a perturbés dans le passé, peut déclencher le même stress car notre inconscient nous prévient alors qu'un danger rôde et qu'il faut se tenir prêt. Nous envisageons de ce fait le futur à l'image de ce qui s'est déroulé avant. Et lorsque l'alarme s'allume trop souvent dans notre vie, il est préférable de la disséquer et de la travailler car on risque de n'entendre et ressentir qu'une angoisse constante, voire une panique qui empêche de vivre sereinement. Les peurs sont multiples et certaines prennent souvent leur origine dans notre passé personnel ou familial. La peur de l'échec, des autres, de manquer, d'être jugé, d'être attaqué, d'être malade, de finir seul... Elles sont nombreuses et la situation politique et sociale du pays dans lequel on vit peut les réactiver à tout moment.

Activation

Accueillez simplement la première peur qui vous vient à l'esprit. Nous avons en général plusieurs peurs qui ont commencé dans notre petite enfance. Actuellement, cernez ce que vous craignez qu'il vous arrive. Puis rappelez-vous s'il y a eu le même type d'émotion avant cette année, durant votre adolescence, votre enfance. Il arrive qu'un mot simplement surgisse, ou un objet, un lieu. Recueillez ces informations sans analyser et sans juger. Comme lorsqu'on effeuille un artichaut, allez au cœur de cette peur pour mieux la connaître et sonder ses origines, y compris les plus lointaines comme les racines familiales. La phase suivante vous permettra de récolter de nouveaux éléments provenant de l'inconscient collectif. À force de fuir ou nier votre peur, vous risquez de lui donner une place importante et menaçante dans votre inconscient. Comprise, elle sera réduite et vous pourrez alors agir sur elle.

LE REJET

Vous vous sentez différent
ou mis à part.

Enseignement

Le rejet prend souvent racine dès le plus jeune âge lorsqu'un parent critique son enfant par exemple, ou à l'école lorsque les autres jugent le petit différent de par son origine, son physique, parfois même sur un détail (lunettes, couleur du cartable, coupe d'un vêtement...). Il n'est pas facile à cet âge de guérir cette blessure qui risque alors de se répéter à l'adolescence et à l'âge adulte, ajoutant à chaque étape une baisse d'estime de soi importante. Ainsi ce sentiment peut survenir lors d'une séparation amoureuse ou d'un licenciement sans qu'on puisse faire le lien avec le passé. L'impression d'être exclu et de ne pas être accepté ou aimé n'est pourtant pas nouvelle, mais elle surgit comme une nouveauté, entraînant des difficultés relationnelles de fermeture qui poussent à l'évitement en s'isolant par exemple si la douleur est trop difficile à vivre ou au déni lorsqu'on préfère l'ignorer. Il arrive que le rejeté s'acharne à satisfaire les autres, poussé par la croyance qu'ainsi il fera partie du cercle envié des gens aimés.

Activation

Accueillez les sensations contenues dans le mot « rejet » et les premiers liens qui vous viennent en tête. C'est peut-être un souvenir récent d'une personne qui vous a refusé de l'aide ou le regard d'une collègue qui vous a fait supposer qu'elle n'était pas d'accord. Même si ce sentiment vous semble banal ou passager, il est intéressant de vous pencher sur d'autres rejets qui ont pu intervenir dans votre vie tant dans l'enfance que dans l'adolescence. Une situation précise peut vous revenir en tête et c'est bien de l'accueillir car c'est peut-être un premier maillon de chaîne qui a entraîné d'autres situations semblables sans que vous vous en rendiez compte. Une fois que vous accueillez la blessure du petit que vous étiez, parlez-lui en exprimant votre empathie et en lui disant qu'ensemble vous allez trouver les trésors qu'il pourra découvrir pour s'aimer et être aimé.

LA TRAHISON

Vous avez du mal à faire confiance aux autres.

Enseignement

L'origine de cette blessure provient souvent de l'enfance lorsqu'un parent a menti par exemple, ou qu'un « bon » camarade d'école a choisi de nous délaisser pour jouer avec d'autres. Nul besoin de subir une grosse trahison, même les petites peuvent avoir un retentissement sur toute une vie. En effet, elles fragilisent l'âme et la brèche risque de s'amplifier à chaque nouvelle infidélité et particulièrement lorsque cela provient d'une personne en qui on a placé toute sa confiance. À force, on finit par croire qu'on n'y échappera pas et on doute fortement de la loyauté des proches. Il est nécessaire de libérer ce sentiment car à force de contrôle, on parvient alors malgré soi à déclencher l'infidélité qu'on redoute tant. La méfiance empêche de vivre des relations saines et vraies avec d'autres personnes.

Activation

Prenez un temps de réflexion pour vous rappeler les situations de tromperie que vous avez subies récemment ou dans votre enfance. Même si elles vous semblent maintenant insignifiantes, détaillez-les car les plus anciennes révèlent les origines de votre blessure. Souvent ce rappel vous permet de mieux entendre les plaintes de votre enfant intérieur qui clame son chagrin ou sa colère depuis des années. Était-ce un mensonge ou une critique que vous avez découvert par inadvertance ? un secret qu'on vous a caché ? Quoi qu'il en soit, plus votre confiance était grande en la personne qui vous a trompé, et plus la blessure est profonde. Sentez si ces événements ont pu impacter votre confiance en vous et en ceux que vous aimez. Si c'est le cas vous continuez à vivre dans un doute qui vous ronge sans que vous vous en rendiez compte puisque vous imaginez que ce sont les autres qui sont perfides. Vous risquez de vous habituer à être habité par ce déséquilibre éprouvant que vous avez installé antérieurement. Il est grand temps de pacifier les relations aux autres.

LA TRISTESSE

Un chagrin occupe toujours une place dans votre cœur.

Enseignement

Éprouver de la tristesse est bien naturel lorsqu'on vit un événement douloureux. C'est le cas lors de la perte d'un être cher, d'un animal ou encore d'une situation matérielle. C'est un état qui peut être passager mais si le choc émotionnel est douloureux, on risque de mettre du temps à intégrer la mauvaise nouvelle. Ainsi, si la douleur s'installe dans le temps, elle devient plus problématique. Lorsqu'elle est refoulée, cette émotion, bien gardée inconsciemment, risque de ressurgir régulièrement sans qu'on s'en aperçoive, comme un rappel qu'elle n'a pas été digérée. Elle peut alors se transformer en nostalgie: on se rappelle les bons moments et on les rumine en idéalisant ces souvenirs qui empêchent bien souvent de vivre le présent et de construire un nouveau futur. Accueillir sa tristesse signifie qu'il est temps de se poser pour faire le deuil de ce qu'on a perdu et faciliter l'introspection afin de rechercher les ressources pour se remettre en selle.

Activation

Restez à l'écoute de la peine qui résonne en vous. Elle peut être récente si vous avez appris il y a peu de temps une mauvaise nouvelle. Dans ce cas accordez-vous un moment de pause pour l'accueillir et savoir si elle est en lien avec une perte plus ancienne. Sinon captez les premiers souvenirs tristes qui vous viennent en tête pour reconnaître à quel type de perte ils sont liés et à quelle époque. Si cette émotion est lointaine mais toujours présente en vous, c'est qu'elle continue d'œuvrer dans l'ombre et vous en sentez les répercussions dans votre vie lors de séparations, de distanciations ou de moments de solitude sans vous en apercevoir. Vous saurez dans la phase suivante si l'empreinte émotionnelle fait écho à d'autres deuils et ruptures plus anciens. Lorsque vous êtes conscient qu'une mémoire précise vous taraude et que vous y pensez régulièrement en regrettant le temps d'avant, c'est que votre cœur se teinte d'une nostalgie qui vous empêche d'aller de l'avant. Il est donc temps de garder précieusement les bons souvenirs tout en vous ancrant dans le temps présent pour vous autoriser à vous ouvrir à la nouveauté et à la douceur de vivre.

LES CARTES « EMPREINTE SYMBOLIQUE »

Cette catégorie rappelle à votre inconscient que l'état émotionnel vécu lors de la phase précédente (Blessure d'âme) a réactivé une situation originelle plus ancienne. Accueillez les visualisations ou les ressentis que votre Double énergétique, aidé de votre Guide, vous adresse. L'origine d'une blessure peut sembler étrangère et proche en même temps car elle se retrouve autant dans un passé dont vous avez peut-être conscience (âge adulte, petite enfance, *in utero*...) que dans un passé bien plus ancien dont vous avez l'empreinte énergétique sans en avoir conscience. C'est le cas lorsqu'elle provient de l'inconscient familial ou collectif. Cette trace est toujours vivace, même lorsqu'elle est lointaine, car l'inconscient est hors espace, hors temps. C'est une carte puissante et essentielle car se délivrer de cette empreinte permet de faire sauter les maillons d'une même chaîne émotionnelle de l'origine jusqu'à aujourd'hui.

La carte s'active particulièrement à l'aide de votre Double énergétique qui porte en lui ou près de lui ce symbole révélateur. Puis il vous transfère en visualisation un film détenant des informations essentielles pour vous. Prenez le temps de fermer les yeux afin d'ouvrir votre « écran intérieur » et de laisser défiler le film d'un homme, d'une femme, d'un enfant vivant une histoire qui est reliée à la vôtre mais dans un autre temps. Cette phase demande d'accueillir ce qui vient à l'esprit sans juger ni analyser.

L'ARMURE

Vous avez pris l'habitude
de vous protéger. Revenez
à plus de légèreté intérieure.

Enseignement

Cet équipement fait souvent de métal représente pour les chevaliers et autres guerriers le besoin de protéger le corps et la tête contre les coups que pourraient porter des ennemis. Souvent très lourde, cette carapace donne l'impression d'être à l'abri mais elle empêche une réelle liberté de mouvements. Elle symbolise le désir de se mettre à l'abri des conflits qui risquent de nous déstabiliser et la volonté de se défendre en cas d'attaque.

Activation

Percevez en quoi est faite l'armure de votre Double. Elle peut être en cotte de mailles, en métal ou en cuir. Selon sa forme et son épaisseur, elle vous donne l'indication du niveau de défense que vous avez mis en place pour vous préserver dans la vie. Il est possible que vous ayez été désarçonné par des blessures qui vous ont fait mal. Votre stratégie de défense s'est mise en place pour vous barricader. Cette protection s'est peut-être même renforcée avec le temps si les coups portés se sont répétés. Dans ce cas, vous avez peur d'être vulnérable ou de montrer vos sentiments et avez choisi d'entrer dans un combat pour vous préserver, défendre votre famille, vos proches, la société. Si le combat dure depuis longtemps, il doit vous épuiser. Il serait temps de reconnaître de quoi vous avez peur et de vous en délester. Sans analyser, laissez le film du passé se dérouler grâce à votre Double.

À la fin du film et avec l'appui de votre Guide, enlevez tout ou partie de l'armure de votre Double. Sentez que vous pouvez mieux respirer et que vous vous allégez. C'est le moment de faire place aux véritables émotions et de ressentir ceux qui vous entourent autrement, sans filtre. Si vous ne parvenez pas à enlever toute votre armure, félicitez-vous d'ouvrir quelques parties de cette carapace. Vous continuerez plus tard, quand ce sera le meilleur moment pour vous.

LE BÂILLON

Vous avez du mal à dire vos ressentis. Exprimez vos émotions.

Enseignement

Ce symbole manifeste l'impossibilité de s'exprimer. Il révèle qu'une personne a posé un bâillon sur la bouche pour faire taire. Il y a donc toujours l'idée qu'il est le résultat d'une volonté extérieure, relié à un fait qui doit être tu et doit rester secret pour peu de temps ou pour longtemps... Le plus souvent il s'agit de plaintes ou d'accusations qu'il faut réprimer. Mais il peut s'agir aussi de secrets anciens qu'il ne faudrait pas révéler, qui datent parfois même des générations précédentes.

Il y a également l'idée de se museler soi-même après avoir vu ou vécu un événement qu'on ne s'autorise pas à décrire de peur de le réveiller, tel un cri qui reste étouffé intérieurement. Si l'événement est ancien, le réprimer permet de garder le semblant d'équilibre bancal qu'on a pu installer au fil du temps et qui pourrait s'effondrer.

Activation

Percevez le bâillon posé sur la bouche de votre Double, s'il est en tissu, en cuir ou de scotch. Faites le lien avec les éventuelles difficultés à dire ce que vous pensez vraiment ou ce que vous souhaitez vivre, que ce soit dans votre vie professionnelle ou personnelle. Par moments vous pouvez penser que vous devez contrôler vos propos, ne pas oser lâcher votre colère par exemple, de peur que tout se retourne contre vous. Lorsque vous n'êtes pas en accord avec une personne ou une idée, il est possible que vous préfériez vous taire, laissant la place à « ceux qui savent », ce qui restreint votre assurance. S'il y a un secret de famille qui a été gardé depuis des générations, il est probable que vous ne vous autorisiez pas à en parler. Sans analyser, laissez le film du passé se dérouler grâce à votre Double.

À la fin du film, il est nécessaire de prendre le temps d'ôter ce bâillon symbolique de la bouche de votre Double, afin de pouvoir exprimer vraiment ce que vous souhaitez, sans colère ni haine. Juste en révélant ce qui est en vous.

LES BARREAUX

D'anciennes croyances
vous emprisonnent.
Autorisez-vous à vivre !

Enseignement

Les barreaux sont liés à l'enfermement et à la privation de liberté. On pense aux prisons en premier lieu. Les « oubliettes » du Moyen Âge ont évolué mais elles restent des centres de détention gardant les individus estimés dangereux. Les asiles ont été et restent des lieux où sont enfermées des personnes jugées folles, inaptes à vivre en société. De tout temps l'enfermement est une punition infligée à tous ceux qui pourraient nuire à la bonne marche de la communauté. Nous gardons en mémoire une crainte d'être pris en faute. Le fait d'être derrière des barreaux entraîne de la colère (contre soi, contre le jugement, la société) et le désir de retrouver une liberté perdue. Mais les barreaux peuvent aussi être symboliques, représentant l'enfermement intérieur lorsqu'on est coupé des autres ou privé de la liberté de penser autrement. La culture ou l'éducation peuvent ainsi réduire les envolées et les désirs de création.

Activation

Percevez les barreaux de votre Double. Qu'ils soient à une fenêtre ou une porte, ils marquent le manque de liberté de mouvements ou de pensées qui vous donne l'impression de ne pas pouvoir vous en « sortir ». Il est possible que vous ayez intégré cet enfermement depuis longtemps. C'est le cas si on vous a rabaissé lorsque vous étiez enfant. Il peut s'agir ensuite de la pression subie par un supérieur ou un conjoint. Vous risquez d'être perdu dans des choix, des contradictions, tout en vivant avec le poids de regrets ou de remords, comme une punition que vous vous infligez...

Par ailleurs, ressentez si vous avez besoin d'être « confiné » dans un endroit ou un groupe qui vous permet de vous sentir protégé. Même si cette forme de réclusion semble volontaire, elle signifie tout de même un manque de liberté... Vérifiez si cette « prison » n'est pas une zone de confort qui vous empêche d'aller plus loin... Sans analyser, laissez le film du passé se dérouler grâce à votre Double.

Vous attendez de l'aide extérieure pour qu'on vienne vous libérer, mais vous seul pouvez vous libérer. Il est temps d'ouvrir la grille, de faire sauter les barreaux et de sortir en toute liberté, fier de vous, vers la lumière. Si c'est le moment, votre Guide vous aidera à finaliser cette délivrance. Peut-être qu'il faudra d'abord décider de mettre à distance ce qui vous a entravé en affrontant vos parts d'ombre et vous autoriser à retrouver votre élan de vie sur un nouveau chemin.

LE BÛCHER

Les doutes vous empêchent de croire en vos capacités. Sentez-vous légitime !

Enseignement

Dans notre inconscient collectif, le bûcher est relié à la chasse aux sorcières qui s'est déroulée du XIVe au XVIIIe siècle car à l'époque toute personne œuvrant avec l'invisible et les forces « surnaturelles » était considérée comme sorcier ou démoniaque. L'Inquisition a marqué les mémoires et a ancré la haine de vengeance collective, de justice populaire contre les forces féminines. En effet les femmes étaient particulièrement visées, surtout celles qui étaient considérées comme trop indépendantes, trop affirmées, détenant des connaissances jugées dangereuses. Un décès, une maladie, une mauvaise récolte... et voilà qu'elles étaient accusées de sorcellerie. Le feu était censé purifier et racheter la faute de ces coupables pour sauver leur âme. Cette époque a tant marqué les esprits qu'il reste pour beaucoup la difficulté d'affirmer des positions divergentes.

Activation

Un bûcher se consume symboliquement sous les pieds de votre Double énergétique. La terreur vécue dans le passé a continué de peser sur la conscience humaine, particulièrement celle des femmes à qui on continue de faire subir des sévices et des harcèlements. Si c'est votre cas, vous risquez de vous imaginer coupable et vouloir tout faire pour être dans les normes, en évitant de sortir des sentiers battus, en vous efforçant de penser comme la majorité. Si vous portez le poids de l'isolement et de l'injustice, que vous avez le sentiment d'avoir été critiqué, mis à l'écart car jugé différent, voire harcelé dans votre univers professionnel ou personnel (particulièrement si vous êtes une femme), alors il est temps de reprendre confiance, de diffuser vos messages et vivre la vie que vous souhaitez sans peur du qu'en-dira-t-on. Sans analyser, laissez le film du passé se dérouler grâce à votre Double.

À la fin du film et avec l'aide de votre Guide, éteignez le feu du bûcher pour apaiser cette mémoire. Si c'est impossible, revenez sur cette option plus tard, lorsque vous aurez conscientisé les origines de vos entraves.

LA CHAÎNE

Enchaîné, vous manquez d'autonomie.
Libérez votre créativité.

Enseignement

La chaîne symbolise le lien puissant qui est entretenu avec une personne ou une idée. Se sentir enchaîné peut être galvanisant lorsque plusieurs personnes sont reliées à une même opinion, par exemple. Faire partie de cette union peut apporter des sensations de force et d'assurance. Mais dans le cadre des mémoires encombrantes, cette entrave interdit d'avancer librement sur son chemin. L'inconscient collectif garde en mémoire les lourds anneaux portés aux pieds des esclaves, prisonniers et galériens, les empêchant de marcher correctement, surtout de s'échapper et les obligeant à la soumission à leurs maîtres.

Activation

Percevez quel type de chaîne entrave votre Double. Elle est peut-être en fer comme celle des forçats d'avant, alourdie par un boulet ou faite en corde. Cette mémoire rappelle que votre liberté est freinée dans votre désir d'avancer. Peut-être que vous avez des envies, de nouvelles idées. Mais vous avez l'impression de stagner, bloqué dans votre élan de vie, sans pouvoir terminer ce que vous avez commencé. Enfant, il est possible qu'on ait restreint votre liberté en imposant des règles strictes… Des limites que vous risquez de continuer à vous imposer même si elles ne vous conviennent plus. Sans analyser, laissez le film du passé se dérouler grâce à votre Double.

Percevez s'il y a une ou plusieurs personnes qui retiennent la chaîne car il serait intéressant de savoir à qui ou à quoi vous êtes enchaîné : à force il pourrait en résulter une répétition si ce lien existe depuis longtemps. Reproduire des situations semblables fait perdre confiance et énergie.

Il serait temps de casser la chaîne afin de vivre autrement. Avec l'aide de votre Guide, enlevez-la. Prenez le temps de libérer votre Double jusqu'à ce qu'il marche à son rythme et se sente libre. Imaginez tout ce que vous allez créer dorénavant ! Tout est possible.

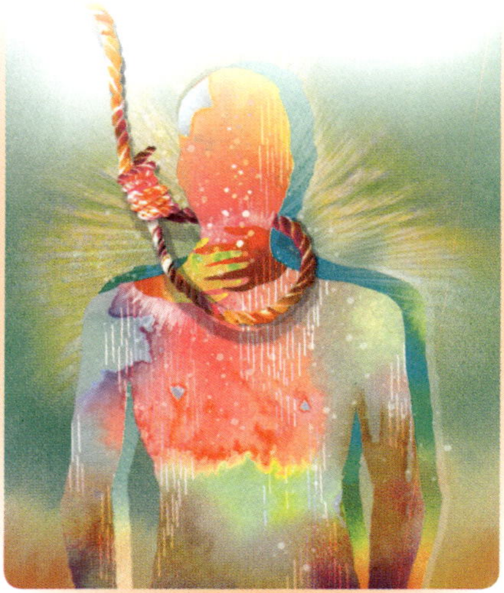

LA CORDE

Ne vous laissez pas étouffer.
Prenez votre juste place !

Enseignement

La mort par pendaison a été utilisée en tant que peine capitale dans de nombreuses civilisations et continue d'être employée dans certains pays. Entraînant une mort rapide, elle avait aussi l'intérêt de montrer l'exemple car le corps pouvait rester pendant des jours à la vue du peuple, invitant le public à ne pas transgresser les lois. La corde représente également le suicide ou le résultat d'un crime crapuleux.

D'autres types de strangulation ont eu lieu en Occident par des enfants, adolescents ou adultes en quête de sensations fortes (hallucinations ou asphyxie érotique). On peut imaginer que ce type de « jeu » réveille un enjeu plus ancien mémorisé au niveau de l'inconscient personnel ou de l'inconscient collectif. Revivre une situation de ce type donne l'impression de le contrôler mais c'est éminemment dangereux. Il est plus adapté et plus efficace d'utiliser la visualisation active afin de tenter d'évacuer au niveau inconscient tout le négatif de cette mémoire.

Activation

Percevez en premier lieu ce qu'il y a autour du cou de votre Double énergétique pour savoir si c'est une corde fine ou grosse et si elle comporte un nœud serré. La corde qui entoure le cou de votre Double énergétique évoque la sensation d'une asphyxie qui peut avoir été réelle dans votre vie. C'est le cas par exemple si vous êtes né avec le cordon autour du cou ou que quelqu'un vous a « pris à la gorge ». Parfois les personnes qui ont ce type d'empreinte émotionnelle peuvent ressentir une gêne au niveau du cou, avoir du mal à enfiler un pull à col roulé ou à supporter les colliers, avoir la sensation d'étouffer ou encore des enrouements, des extinctions de voix, des inflammations récurrentes dans la gorge.

Ce type de mémoire rappelle des histoires plus anciennes de pendaisons qui sont légion dans l'inconscient collectif... Entraînant un sentiment de culpabilité pour ne pas être « dans les règles », se sentir jugé en tant que personne originale ou différente. Cette empreinte rappelle aussi la sensation d'étouffer dans un cadre personnel ou professionnel qui ne vous correspond pas. Sans analyser, laissez le film du passé se dérouler grâce à votre Double.

Une fois le film terminé et que les informations viennent à vous, percevez avec l'aide de votre Guide s'il est temps de vous soulager en enlevant la corde du cou de votre Double. Si ce n'est pas le moment, vous y reviendrez lorsque d'autres éléments seront plus conscientisés.

L'ÉPÉE

Vous luttez dans vos rapports aux autres. Ajoutez de la douceur pour être gagnant.

Enseignement

L'épée est liée au combat. De tout temps l'homme s'est battu pour vivre, garder sa place, défendre son territoire, ou ses idées. À chaque bataille il fait face à ses ennemis en se demandant qui sera le grand gagnant ou le malheureux perdant… L'inconscient collectif garde en mémoire ces nombreux guerriers et chevaliers qui ont porté l'épée, symbole de la justice qui tranche pour savoir finalement qui est le vainqueur et le vaincu. L'idée qu'il faut combattre lorsqu'on est en désaccord, parfois jusqu'à y laisser la vie, reste inscrit dans nos mémoires.

Activation

En fermant les yeux, vous pouvez percevoir à votre manière le poignard ou l'épée planté dans une partie de votre Double énergétique. Sans analyser, sentez à quel endroit il se trouve. S'il est devant, cela signifie qu'un affrontement en face-à-face a eu lieu. Quelqu'un qui tenait tête, qui voulait avoir raison, qui allait jusqu'à malmener physiquement ou psychiquement ceux qui le dérangeaient.

Si l'épée est plantée dans le dos, l'attaque s'est donc déroulée par-derrière. À la douleur s'ajoute la mauvaise surprise d'avoir été dupé, car il se peut que vous ne vous attendiez pas à cette tromperie. Il est possible que vous retrouviez une situation similaire, un coup d'épée qui vous a été porté alors que vous pensiez qu'une histoire était terminée.

Quoi qu'il en soit, si l'épée vous a touché, c'est symboliquement qu'un règlement de compte a été plus loin que prévu. Dans ce cas, il est probable que vous ayez une envie de revanche d'avoir été blessé, ou que vous en gardiez en mémoire une crainte d'être de nouveau attaqué. Ces réactions peuvent entraîner l'envie de continuer à lutter et à vous défendre pour vous protéger. Sans analyser, laissez le film du passé se dérouler grâce à votre Double.

Une fois que vous avez assez d'informations, demandez à votre Guide s'il est temps maintenant d'enlever l'épée, de la poser à terre ou de la ranger. Remerciez-le. S'il ne souhaite pas l'enlever, c'est qu'il faudra revenir sur cette blessure afin de mieux la comprendre et demander au Guide une seconde fois. Une fois la lame déposée, retrouvez l'apaisement dans les communications avec votre entourage.

LA FLÈCHE

Les attaques vous ont déstabilisé. Il est temps de vivre en confiance.

Enseignement

Bien que Cupidon soit représenté tendant un arc, symbolisant l'amour qu'il va implanter dans le cœur de la personne aimée, la flèche illustre bien d'autres scènes différentes selon l'intention de la personne qui tire. En effet, depuis des siècles l'arc représente plutôt le pouvoir, l'autorité et la force. C'est un outil redoutable entre les mains d'un guerrier ou d'un ennemi, représentant un danger qui survient rapidement, sans qu'on ait le temps de l'appréhender et qui plante au fond de soi une blessure profonde.

Dans notre inconscient collectif, la flèche est liée aux Amérindiens qui l'employaient pour chasser et qui l'ont beaucoup utilisée lorsqu'ils ont été envahis par les Européens car ils maniaient cet art avec une grande dextérité, y compris sur un cheval au galop, ce qui était impossible avec des fusils, utilisables principalement à l'arrêt.

Activation

La flèche vous a atteint. Vous pouvez juger à quel endroit du corps sur votre Double énergétique. Peut-être justement une partie où vous sentez souvent un pincement. Si c'est dans le cœur, une déception sentimentale a pu rouvrir une blessure vécue en début de vie ou dans l'enfance et qui continue de vous faire mal. Percevez si vous avez été (ou êtes toujours) la cible de piques dans votre vie. Une ou plusieurs personnes ont pu vous lancer des attaques verbales ou physiques qui ont ouvert une mémoire plus ancienne d'affrontements puisés dans l'inconscient collectif.

Si la flèche est dans le dos de votre Double énergétique, elle vous rappelle une trahison que vous avez mal vécue. La crainte d'être déçu de nouveau vous oblige à être sur vos gardes au cas où vous seriez attaqué. Sans analyser, laissez le film d'un passé plus lointain se dérouler grâce à votre Double.

À la fin du film, avec l'accord et l'aide de votre Guide, tentez d'enlever délicatement cette flèche. Si ce n'est pas le moment, c'est qu'il y aura une meilleure occasion un peu plus tard, lorsque l'origine de la blessure sera apaisée.

LES MENOTTES

Vous êtes limité dans vos actions. Allez au bout de vos projets.

Enseignement

Les menottes sont fortement liées à l'arrestation. Elles entravent les mains et donc la capacité d'agir, de donner et de recevoir.

Ce sont les individus dangereux que l'on menotte quand ils sont accusés, à la vue de tous. Pour l'accusé, le sentiment vécu est souvent la honte, mêlée à la colère d'avoir été pris ou d'avoir été jugé à tort. Viendra le désir de se libérer en cherchant à récupérer la clé qui délivrera.

Activation

Percevez à votre manière votre Double portant les menottes et comment il se sent ainsi entravé. Vous pouvez ensuite faire le lien avec les éventuelles difficultés à réaliser ce que vous vous êtes promis intérieurement. C'est le cas si vous vous interdisez de choisir pleinement une voie, ou de réaliser jusqu'au bout vos projets. Il serait intéressant de savoir si vos proches vous encouragent ou s'ils restreignent votre liberté. Il est en effet difficile d'être aux commandes lorsqu'on a le sentiment que les autres feraient de meilleurs choix.

Les menottes peuvent aussi réveiller l'humiliation d'un incident passé (même s'il appartient à vos ascendants). Un événement qui continue de vous miner et que vous regrettez, ou une dépendance dont vous avez honte en ayant l'impression que votre entourage vous juge et qu'elle vous empêche d'être libre. Sans analyser, laissez le film du passé se dérouler grâce à votre Double.

Ensuite enlevez les menottes à votre Double et sentez en vous la possibilité d'ouvrir vos bras pour embrasser la vie en ayant la joie d'être acteur de vos désirs.

LE PIÈGE

Vous avancez en terrain miné.
Déjouez les obstacles.

Enseignement

L'idée qu'un piège risque d'être tendu témoigne d'un entourage négatif, voire nocif. En effet, il signifie que des ennemis préparent en toute discrétion un stratagème dans le but de freiner, de faire tomber ou de faire mal. Un tel climat oblige à beaucoup de prudence car grande est la peur d'avancer, risquant d'être pris au piège. Il est même possible qu'une duperie vécue antérieurement oblige à se méfier, engendrant une anxiété permanente. Il en résulte une obligation d'avancer pas à pas, doucement, pour éviter ce terrain miné.

Activation

Percevez ce qu'il y a autour de votre Double. Si vous trouvez un piège, étudiez ses dimensions, sa forme. Votre petite voix intérieure vous pousse à être prudent, vous avez conscience que des dangers peuvent survenir et que votre quiétude est bancale. Vous avez l'impression de ne pas être en sécurité et que tout peut basculer d'un moment à l'autre. Un faux pas et vous passez à la trappe... Le problème est que vous ne savez pas où est ce guêpier car la tuile peut vous tomber dessus n'importe où, n'importe quand, ce qui est stressant et vous oblige à ralentir votre avancée. Il se peut qu'une personne ait déjà trahi votre confiance et vous craignez dorénavant que cela se reproduise. Mais la sensation de se sentir piégé peut également provenir d'une erreur passée. Par exemple un mauvais choix qui vous a fait mal et que vous regrettez risque de vous paralyser lorsqu'il s'agit de choisir un nouveau chemin en craignant de répéter les mêmes erreurs. Il serait intéressant de considérer les douleurs passées comme des occasions de dépasser les obstacles afin de vous faire confiance sans penser que vous allez répéter la même situation. Reconnaître une douleur et un danger passé, c'est apprendre à mieux se connaître et aiguiser son intuition, ce qui est une force. Sans analyser, laissez le film du passé se dérouler grâce à votre Double.

Lorsque le film est terminé, si le piège ou les pièges autour de votre Double sont visibles, enlevez-les jusqu'à vous sentir en paix. S'il y en a de nouveaux, vous saurez les sentir intuitivement et les éviter pour avancer avec fierté vers des chemins qui vous correspondent mieux.

LE POISON

Vous avez peur qu'on vous nuise. Faites alliance avec ceux qui vous veulent du bien.

Enseignement

Depuis l'Antiquité, le poison a été utilisé pour évincer des ennemis dans un but criminel.

Il a longtemps été considéré comme l'outil de la « mort parfaite » car l'effet est rapide, efficace et non détectable. Il était employé en potion dans les breuvages ou en poudre mélangée à toutes sortes d'aliments. La drogue, souvent commanditée auprès de spécialistes, était choisie pour éliminer un adversaire, principalement un opposant politique, dans le but de prendre son pouvoir. Utilisé par les nantis, le poison se démocratisa pour éliminer la personne qui empêche d'accéder à une place enviée ou un héritage. Ce procédé sournois a entraîné immanquablement un sentiment de grande méfiance envers tout intrus ou concurrent ainsi qu'une peur de terminer sa vie sans qu'on puisse connaître l'auteur du crime.

Activation

Cette carte indique que votre Double détient un flacon de poison près de lui. Ce sont des informations d'alerte qui ont été réveillées par une personne qui souhaitait s'approprier une de vos idées, un projet ou votre place. Vous percevez la jalousie par des avertissements qui peuvent être ressentis dans votre corps ou comme des évidences qui résonnent intuitivement. Vos ressentiments sont peut-être basés sur des preuves évidentes de jalousie ou de soif de pouvoir, ils peuvent aussi appartenir à un passé plus lointain. Ils questionnent votre rapport à l'autre lorsqu'il est vécu avec la peur de perdre ce qu'on a de plus précieux. Sans analyser, laissez le film du passé se dérouler grâce à votre Double.

À la fin du film et avec l'aide de votre Guide, retirez à votre Double la fiole de poison qui a été posée près de lui. Tout en restant sur vos gardes, explorez vos comportements afin de les modifier en évitant de vous user à vous méfier des autres. Puis profitez de votre intuition pour sentir ceux et celles qui souhaitent vraiment votre bien.

LE PRÉCIPICE

Vos difficultés vous semblent ingérables. Le recul vous aidera à les dominer.

Enseignement

Symbole du désespoir, le précipice réveille l'appel du vide pour en finir. Il est lié à l'angoisse de mort quand tout semble perdu. Devant l'abîme, il existe deux possibilités : rebrousser chemin ou sauter dans le vide ! Cette dernière solution est radicale et témoigne d'un moyen d'échapper définitivement à une grande détresse, voire une dépression.

Activation

Prenez le temps de percevoir à votre façon les dimensions du vide qui est devant ou à côté de votre Double. Observez si c'est un trou, un puits, une falaise, si c'est profond, large ou pas. Puis ressentez la mémoire qui s'ouvre pour connaître les raisons de ce précipice. Il est possible que vous ayez vécu ou que vous viviez une situation complexe et douloureuse avec la sensation que personne ne pourra vous aider. Poussé dans vos retranchements, vous ne croyez plus en vos forces ni en vos ressources. Peut-être que la situation n'est pas si terrible, mais qu'elle vous donne l'impression d'être inextricable. C'est aussi le cas lorsqu'un événement ancien, vécu parfois par des ancêtres, se répercute dans vos cellules.

Une forme d'emprise ou de maltraitance qui se réveille pour vous rappeler que vous seul pouvez vous en débarrasser. Sans analyser, laissez le film du passé se dérouler grâce à votre Double.

À la fin du film, et à l'aide de votre Guide, suggérez à votre Double de reculer pour qu'il n'ait plus rien à craindre de ce précipice qui ne semble alors plus si imposant et qui diminue encore. Sentez que vous êtes accompagné par ce Guide puissant et bénéfique pour remblayer le vide et gagner cette confiance en vos capacités à grandir avec force.

LES CARTES « SOIN ÉNERGÉTIQUE »

Les soins énergétiques proposés dans cette catégorie de cartes sont à réaliser en accord avec votre Guide. Sans analyser ni vous juger, percevez à votre manière les gestes qui vous semblent les plus appropriés. Comme si vous aviez des mains de lumière détenant la connaissance de l'attitude juste. Il est essentiel que vous soyez toujours actif dans ce processus libérateur, preuve d'un véritable engagement vers un changement. Ainsi, une formule est associée à chaque soin afin d'être prononcée oralement ou puissamment pensée intérieurement. Elle est destinée à renforcer l'effet désiré et l'ancrer au niveau inconscient et énergétique. À chaque fois que vous aurez terminé un soin et que vous aurez perçu le changement positif en vous, vous ne ferez plus qu'un avec votre Double énergétique afin que le bénéfice de tout ce travail soit autant conscient que vibratoire. Ce sera le moment de remercier votre Guide pour son accompagnement. Gardez précieusement les effets bénéfiques de ce soin après votre séance. Vous sentirez les effets dans votre vie dans les jours et semaines qui suivent.

L'AFFUSION PURIFIANTE

Un nettoyage profond
est nécessaire pour les mémoires
anciennes.

Enseignement

L'affusion provient des sphères élevées et est bénéfique d'un point de vue énergétique car elle agit sur le corps et l'esprit. Elle permet de diffuser une sensation de douceur et d'apaisement, comme lorsqu'on laisse l'eau couler sur soi sous la douche. Mais le traitement est ici plus puissant car non seulement elle provient du ciel, mais elle pénètre au plus profond de soi dans la sphère énergétique pour apaiser les mémoires passées et activer de nouvelles informations en douceur dans toutes les cellules, particulièrement lorsqu'il y a eu des événements douloureux et des traumatismes, même anciens.

Activation

Sous le regard de votre Guide, imaginez que vous recevez une douce affusion sur le dessus de votre tête, juste à l'endroit où est situé le point énergétique qui reçoit en premier les informations venues de plus haut. Accueillez les sensations de plaisir et de douceur. Il est possible que vous ressentiez de l'eau chaude ou fraîche, selon ce qui est plus bénéfique pour vous. Percevez ensuite ce qu'elle vous procure lorsqu'elle coule sur vos épaules, là où vous portez tant. Elle s'occupe de toute votre sphère énergétique mais elle pénètre également à l'intérieur de votre corps, dans votre colonne vertébrale, dans votre cœur, dans votre bassin. Déclarez intérieurement: « *Cette affusion purifie chacune de mes cellules. Elle nettoie mon énergie des émotions et des blessures passées qui n'ont plus de raison de rester incrustées en moi.* » Laissez cette eau purifiante nettoyer votre énergie jusqu'à ce que l'eau extériorisée soit limpide. Sentez en vous cette régénération qui vous permettra de vivre différemment votre présent et votre futur.

LE COCON VIBRATOIRE

Changez votre taux vibratoire pour élargir votre conscience

Enseignement

Le champ d'énergie subtil autour du corps forme un halo coloré autour d'une personne. Cette émanation ovale, appelée aussi aura, ressemble à un œuf qui entoure l'être totalement de chaque côté du corps mais aussi au-dessus de la tête et en dessous des pieds. Certaines personnes parviennent à voir les couleurs et à les décoder car chaque couleur correspond à un état d'être. En s'en approchant il est possible de sentir les vibrations de cette enveloppe qui n'est pas lisse car il y a des zones chaudes, froides, avec des bosses, des creux, des fourmillements. Les traditions orientales ont enseigné qu'il est possible de pratiquer une harmonisation d'énergies en travaillant sur ce rayonnement vibratoire afin de rééquilibrer en même temps les plans physique et émotionnel.

Activation

Face à votre Double, pensez au dysfonctionnement qui a pu s'installer et que vous souhaitez rééquilibrer. Gardez en permanence l'aide de votre Guide qui vous montre les gestes à pratiquer sur votre Double. Imaginez que vous êtes debout face à votre Double. Frottez-vous les paumes des mains l'une contre l'autre afin de mieux ressentir.

Puis évaluez à quelle distance se situe l'enveloppe énergétique autour de votre Double sans juger ce que vous percevez. Elle peut aller de 50 cm à plus d'un mètre autour du corps. À l'aide de vos mains de lumière, sentez l'enveloppe au niveau du dos, représentant le passé. Harmonisez en lissant le trop-plein pour rééquilibrer les tensions. Continuez de scanner tout le corps et de lisser le trop-plein devant/derrière sans oublier le rééquilibrage gauche/droit qui se rapporte au féminin/masculin égal de chaque côté afin que votre Double soit bien au centre du cocon, en notant à quel endroit il y avait du « débordement », de l'espace vide ou des images qui vous sont apparues car ce sont de formidables informations qui parlent de vous. En même temps dites intérieurement: « *Je rééquilibre mon énergie et je change mon taux vibratoire. Ma conscience s'élargit.* » Une fois ce rééquilibrage terminé, voyez comme le cocon est plus imposant, peut-être même que sa couleur est différente. Il est désormais positionné tout autour de vous. Gardez bien en vous le bénéfice des sensations de ce cocon vibrant. Remerciez votre Guide.

LE COLMATAGE

Agissez directement sur vos failles pour préserver votre énergie.

Enseignement

Notre enveloppe énergétique peut être fragilisée par des événements du passé qui ont formé des failles par lesquelles nous perdons notre énergie vitale. C'est le cas parfois lorsque le corps a subi des dommages, comme après un accident ou une opération chirurgicale, par exemple. Il peut s'agir aussi d'une émotion forte qui a bouleversé l'énergie interne (un deuil, une rupture sentimentale, un événement stressant). Dans de tels cas nous « craquons » littéralement : notre bulle énergétique se fissure. Il en résulte une grande fatigue, des repos difficiles, avec l'impression d'être vidé de l'intérieur et parfois des idées obsessionnelles. Ces fêlures ont un autre inconvénient : ce sont d'éventuels accès qui permettent à certaines personnes de s'infiltrer dans notre bulle et « pomper » notre énergie par leur présence, leurs suggestions négatives ou leurs demandes affectives incessantes. Il est donc essentiel de colmater les fuites énergétiques et d'étanchéifier sa bulle afin de conserver son énergie vitale.

Activation

En accueil, laissez-vous inspirer par votre Guide. Imaginez votre Double face à vous, dans sa bulle énergétique. Observez à quel endroit elle se lézarde pour savoir ce que vous devez calfeutrer aujourd'hui. Puis faites le bilan de ce qui est à réparer. Cela peut être une minifissure se rapportant à une émotion du passé, ou bien une entaille plus importante reliée à une douleur plus grande qui s'est répétée au fil des ans dans votre vie ou dans votre famille. Si vous ne savez pas à quoi cette entaille se rapporte, faites confiance à votre intuition et à votre Guide et poursuivez. Percevez à votre manière l'endroit exact de la fuite et si les dégâts sont importants. Une fois que vous l'avez repéré, votre Guide vous apporte un amas de lumière blanche que vous prenez dans les mains afin de bien calfeutrer la ou les ouvertures de l'enveloppe de votre Double. Dites intérieurement : « *Je colmate cette fissure pour me préserver et me réapproprier toute mon énergie.* » Une fois la bulle étanche, ressentez-la tout autour de vous en percevant déjà l'effet immédiat de bien-être qui continuera les jours suivants.

LE CRISTAL INSPIRANT

Votre intuition est votre alliée, amplifiez-la.

Enseignement

Le cristal de roche a été utilisé dans de nombreuses cultures, principalement par les initiés, car il a toujours été considéré comme accélérateur de médiumnité. Il est réputé pour permettre le passage du monde visible au monde invisible. C'est le cas chez les chamanes qui s'en servent également pour guérir. Il est supposé si puissant que la légende raconte que les Atlantes avaient trouvé le moyen d'influer sur le destin à l'aide de cette pierre précieuse, jusqu'à l'employer à des fins de pouvoir, ce qui a causé leur chute. Nous retrouvons cet amplificateur de médiumnité et de divination dans la pratique de la boule de cristal des voyants.

Activation

En état d'accueil, visualisez le cristal que vous offre votre Guide. Il peut être petit ou très gros, translucide ou coloré. Sans analyser et sans juger, prenez cette pierre pour la poser sur votre front, où se situe le centre énergétique de l'intuition. Sentez rapidement que cette pierre vous procure des sensations d'apaisement et de lucidité. Laissez ces effets se diffuser partout en vous en affirmant intérieurement : « *Le cristal m'inspire au plus profond de moi.*

Je renforce puissamment mon intuition.» Puis, une fois les pensées pacifiées, percevez comment vous recevez les informations. Les idées deviennent claires, de nouveaux projets se construisent dans votre tête, des réponses à des questions parfois anciennes vous parviennent et des idées inattendues jaillissent pour vous aider à voir et agir autrement. Votre Double en bénéficie en même temps, ce qui renforcera votre intuition dans les semaines qui viennent pour mieux vous comprendre et mieux communiquer.

L'ÉLIXIR VIVIFIANT

Imprégnez-vous intérieurement de la nature.

Enseignement

Depuis la nuit des temps, l'homme a cherché dans la nature les réponses à son bien-être. C'est ainsi qu'il a compris que les fleurs et les plantes pouvaient agir puissamment au niveau subtil en corrigeant les déséquilibres énergétiques dus au stress au travail, aux difficultés relationnelles, aux troubles émotionnels. L'élixir contient l'esprit de la plante obtenu par pression ou distillation et permet de tonifier certaines zones, d'en apaiser d'autres, de fluidifier afin que l'énergie puisse circuler librement et redonner l'équilibre émotionnel nécessaire... Il agit en même temps sur les organes qui sont liés à l'émotion vécue car il contient le principe vivant des fleurs qui le composent pour harmoniser la sphère vibratoire.

Activation

En état d'accueil, imaginez un magnifique champ de fleurs. Promenez-vous avec votre Guide en pensant à ce que vous avez besoin de modifier : une émotion à apaiser, un événement à éloigner, une difficulté à dépasser, une relation à écarter, une peur, un sentiment de solitude, un manque d'assurance, un stress... Puis, sélectionnez les plantes qui vous inspirent. Vous pouvez les choisir seul mais si vous préférez que votre Guide trie certaines plantes, c'est très bien aussi. Mettez toute votre cueillette dans une coupe remplie d'eau afin de laisser macérer le tout sous un soleil puissant et que l'eau s'imprègne de la puissance des vertus des fleurs. Versez ensuite l'eau énergétisée dans une gourde en verre pour boire de cette tisane magique dès que vous en ressentez le besoin en disant intérieurement : « *Cet élixir libérateur active chacune de mes cellules. Il agit puissamment et positivement sur mes émotions, mes pensées et mon état d'âme.* »

L'EXTRACTION ÉMOTIONNELLE

Des blessures anciennes sont à libérer pour accueillir la fluidité.

Enseignement

Notre énergie contient le rappel des blessures et des charges émotionnelles que nous avons vécues dans le passé, mais aussi celles que nos parents et grands-parents ont subies. Ce sont donc parfois des douleurs familiales qui sont restées cachées ou oubliées mais dont on a hérité. Ces événements encombrants ne sont pas toujours conscientisés mais ils s'accumulent en continuant d'être actifs dans notre vie en causant un dysfonctionnement qui mène vers de l'inconfort psychique et physique. Ils nous obligent à revivre des blocages ou des scénarios qui ne nous appartiennent pas toujours et empêchent notre énergie de circuler librement. Dégager cette mémoire permet de délier les nœuds, de fluidifier notre énergie vitale pour profiter pleinement de la vie.

Activation

Percevez ce qui vous bloque, ce qui « coince » dans votre vie, ce qui vous empêche d'avancer. La charge émotionnelle peut se ressentir dans une partie du corps ou dans un état général de fatigue, de stress, de manque de confiance. En miroir avec votre Double, mettez-vous en état d'ouverture afin de percevoir à quel endroit dans le corps ou autour du corps est positionnée la mémoire gênante qu'aujourd'hui il est temps d'extraire. Le langage de votre inconscient étant symbolique, vous pouvez ressentir la mémoire sous la forme de l'empreinte symbolique que vous avez perçue lors de la phase précédente. Mais il est possible d'en percevoir une autre (un nœud, une tache foncée, un marteau, etc.). Votre Guide vous aide à prendre conscience du poids de cette émotion et de son origine. Dès que votre Guide vous autorise à l'enlever, prenez une profonde respiration et opérez sur vous et sur votre Double une incision lumineuse, prenez-la dans votre main de lumière sur vous et sur votre Double, puis jetez-la loin de vous en vous disant intérieurement: « *Je libère cette mémoire qui bloquait mon énergie et je la donne respectueusement à la Terre qui la transformera.* » Placez de la lumière à l'endroit où il y avait l'émotion difficile. Sentez l'énergie circuler à l'endroit où il y avait ce blocage et visualisez la fluidité aussi sur votre Double.

LE FIL D'ARGENT

Reconnectez-vous à la Terre
pour puiser la force
dont vous avez besoin.

Enseignement

Ce soin est parfait pour les personnes qui « flottent » un peu et qui n'arrivent pas à se concentrer. Mais il est également bénéfique pour celles qui n'arrivent pas à concrétiser des projets, imaginant ne pas en être capables ou se sentant illégitimes. Le fil d'argent est le lien qui réunit notre énergie au corps physique mais aussi à la Terre. Même si ce lien n'est pas concrètement visible, il est possible et utile de l'imaginer afin de mieux s'ancrer et aider à l'accomplissement des buts que l'on souhaite réaliser.

Activation

Pensez aux projets que vous n'avez pas pu exécuter. Il y en a peut-être plusieurs que vous avez considérés comme des échecs: des résolutions que vous n'avez pas réussi à tenir ou des intentions pourtant planifiées et espérées mais que vous avez abandonnées. Sans analyser, accueillez celui qui émerge naturellement au moment du soin. Puis, attendez le hochement de votre Guide pour savoir si ce projet est bon pour vous. S'il ne bouge pas, accueillez un autre projet. Dès qu'il vous fait signe, imaginez le fil d'argent lumineux qui commence depuis la première zone énergétique, tout en bas de la colonne, en bas de votre ventre. Sentez comment ce fil s'ancre dans la Terre pour se mettre en connexion avec la force dont vous avez besoin aujourd'hui pour aller au bout de vos projets. Prononcez intérieurement: « *Mon fil d'argent m'aide à m'ancrer pour que mes projets aboutissent. Il fait remonter en moi l'assurance qui me permet de réaliser ce que j'ai décidé tant que c'est bon pour moi.* » Imaginez ensuite avec joie la dernière étape réussie de ce que vous avez programmé.

LA MATRICE CONTENANTE

Retrouvez le sentiment
de sécurité intérieure.

Enseignement

La matrice a un effet bénéfique permettant de se sentir contenu, comme un bébé dans le ventre dans sa mère. Sorti du giron maternel, hors de cette enveloppe rassurante, le tout-petit peut avoir l'impression d'être perdu, voire abandonné et il met en place un système de défense pour s'en protéger.

En retrouvant pendant un temps la douce contrainte physique et psychique, la membrane protectrice a le pouvoir d'apaiser et contenir toute forme de stress et d'angoisse. Ce soin est particulièrement efficace lorsqu'il y a eu dans l'inconscient individuel ou familial des traces d'événements tourmentés, des séparations et des traumatismes, car il permet alors de retrouver un espace de douceur et de cohésion essentiel à la reconstruction psychique.

Activation

En état d'accueil, votre Guide vous invite à pénétrer dans l'univers de la matrice, symbolisée par un contenant en forme d'œuf. À votre rythme, imaginez que vous vous installez dans cet environnement aquatique chauffé à la température du corps, comme vous le feriez dans un caisson à isolation sensorielle. Prenez votre temps et s'il fait trop sombre pour vous, ajoutez une lumière tamisée et réconfortante. Puis percevez la douce pression de l'enveloppe qui vous entoure. Ce que vous vivez impacte votre Double. Sans les juger, accueillez les événements difficiles, qu'ils proviennent de votre vie ou de celle de votre famille, les non-dits, les séparations douloureuses, les exils, tous ces moments où parfois on perd pied. Accueillez ces ressentis puis permettez à la matrice de vous apporter le doux rappel de votre enveloppe. Sentez que vous êtes contenu, compris, touché au plus profond de votre être. Intérieurement vous vous dites : « *Désormais je connais mes limites et je sais quelle force me porte. Je suis en sécurité.* »

L'ONGUENT PÉNÉTRANT

Lâchez prise pour profiter d'une harmonie corps-esprit.

Enseignement

Les onguents ont été utilisés fréquemment depuis l'Antiquité. Ces pommades étaient préparées par des apothicaires puis par des alchimistes qui les utilisaient pour soigner les blessures, les faiblesses ou autres maux du corps et de l'esprit. Leur composition quoique naturelle était complexe, contenant parfois plus de soixante ingrédients! Bien avant, les aborigènes d'Australie concoctaient déjà des onguents à base d'argile et de plantes. On retrouve diverses huiles parfumées dans la pratique de l'ayurvéda, qui servent à éliminer les toxines. Selon cette médecine traditionnelle indienne, le massage avec onguent est considéré comme un soin curatif pour le corps et l'esprit, fluidifiant la circulation de l'énergie vitale.

Activation

Imaginez que vous êtes allongé sur un matelas confortable en pensant déjà au bien-être que va vous procurer le soin à venir. Votre Guide appelle un être de lumière qui vient près de vous. C'est peut-être une femme en tenue traditionnelle d'Inde ou d'Asie. Vous pouvez sentir sa présence chaleureuse. Elle a une connaissance profonde des énergies et d'un savoir-faire millénaire. Votre Guide lui confie une magnifique fiole contenant l'huile qu'il a fabriquée spécialement pour vous aujourd'hui en précisant la zone énergétique à traiter. C'est peut-être le bas du dos, le plexus solaire, ou bien le corps tout entier. Ayez confiance, ce baume vous apportera ce dont vous avez besoin : un regain d'énergie ou un formidable état de détente, un sommeil plus profond, des idées claires...

La soigneuse verse un peu d'huile chaude dans ses mains et vous masse. Vous n'avez rien d'autre à faire que de lâcher prise en pensant : « *J'ai la joie de bénéficier de ce soin qui élimine toutes les toxines et s'ancre en profondeur en moi pour un bien-être corps-esprit.* » Peut-être même pouvez-vous sentir le parfum de cet onguent qui vous apporte un état de bien-être. Lorsque le soin est fini, remerciez l'être de lumière ainsi que votre Guide.

LE RAYON BLANC

Alignez et revitalisez
vos zones énergétiques.

Enseignement

Les traditions orientales nous ont enseigné que nous possédons tous des zones énergétiques dans notre corps subtil aussi bien devant que derrière, depuis le bas de la colonne vertébrale (et donc le bas du ventre) jusqu'au sommet du crâne. Appelées « chakras » (roues en sanskrit), elles sont considérées comme des réservoirs d'énergie qui peuvent être déséquilibrés. Il est nécessaire qu'elles soient régulées si par exemple elles sont inactives ou à l'inverse hyperactifs, afin d'harmoniser le tout. En effet, un blocage dans l'énergie de ces zones ou un excès conduit à un déséquilibre tant physique, émotionnel que mental. Les sept rayonnements principaux peuvent être perçus d'un point de vue vibratoire, comme des toupies qui tourbillonnent dans le sens des aiguilles d'une montre, plus ou moins rapidement. On peut aussi percevoir leur couleur et ainsi les différencier selon leur fonction et leur activité, plus ou moins terne ou vive. Le premier, tout en bas de la colonne, est rouge, lié à l'ancrage et au sentiment de vitalité, de sécurité. Le second est orange et est associé à la libido, à la fécondation et à la créativité. Le troisième, jaune, est situé au centre du corps, au niveau du plexus solaire, et est associé à la confiance. Un peu plus haut, au milieu de la poitrine, c'est le vert qui domine cette zone liée à l'affectif. Au milieu de la gorge, il s'agit du bleu correspondant à tout ce qu'on exprime mais aussi tout ce qu'on a gardé en soi sans pouvoir le dire. La couleur indigo est au centre du front, siège de l'intuition. Enfin la spiritualité et les échanges avec les sphères élevées se font tout en haut de la tête baignant dans la couleur violette.

Le rayon de lumière proposé dans ce soin, tel un laser, permettra d'activer une zone énergétique précise selon ce qu'il est nécessaire d'apaiser ou de mettre en mouvement.

Activation

Votre Guide pointe la lumière blanche sur une zone énergétique précise sur votre Double. Vous pouvez alors vous concentrer dans votre corps sur cette zone énergétique précise. Percevez à votre façon la forme (petite ou large), la couleur (terne ou vive) puis ressentez l'activation de cette zone. Est-elle stagnante ou tourne-t-elle doucement, trop vite ? Votre Guide vous aide à juguler l'activité de cette zone à l'aide du rayon blanc. Prenez le temps pour activer cette zone et percevez le changement lorsque vous émettez une intention positive et bienveillante (forme, couleur, vibration). Dites: «*Je fais tourner harmonieusement ma toupie intérieure tout en activant sa luminosité afin de ressentir la vitalité de ce centre énergétique et d'en recevoir les bénéfices.*»

Lorsque vous aurez un peu plus de temps, activez chaque zone depuis la base de la colonne vertébrale jusqu'au sommet du crâne en laissant monter l'énergie générée par votre méditation. Cet alignement peut être un rituel du soir, par exemple, pour vous sentir en harmonie dans votre vie.

LA SECTION DU LIEN

Détachez-vous
de ce qui vous entrave.

Enseignement

De multiples liens invisibles nous relient aux autres ainsi qu'à des pensées ou des croyances. Certains sont bénéfiques et nous apportent une belle énergie: de l'amour, de la joie, de la paix. D'autres sont plus toxiques. Ils ravivent des blessures plus anciennes, des situations d'abandon, de colère, de tristesse ou d'angoisses. Ce sont des attaches qui risquent de nous empêcher pendant longtemps de vivre paisiblement puisque nous continuons de les alimenter au fond de nous. Ce n'est pas avec l'autre que nous coupons le lien, mais bien avec la blessure qui a été ravivée afin de s'en libérer. Ce soin est efficace aussi lorsqu'il s'agit de douleurs appartenant aux générations précédentes.

Activation

Imaginez ce qui vous relie à la personne (ou aux personnes), à la croyance limitante, peut-être même la dépendance qui vous encombre actuellement. Si c'est une personne, vous pouvez la visualiser près de vous. Si c'est une émotion, une peur, un schéma répétitif, accueillez le premier symbole qui représente cette pensée. Puis avec l'aide de votre Guide, percevez comment vous êtes relié (ruban, corde, chaîne ou autre) et à quelle zone énergétique ou quelle partie de votre corps (cœur, ventre, jambe, bras...). Vous pouvez même imaginer toucher ce lien. Demandez à votre Guide s'il vous autorise à le couper. Si c'est le cas, prononcez intérieurement votre intention : « *Je coupe les liens toxiques, même les plus anciens, pour m'en libérer totalement et suivre mon instinct.* » Puis vous sectionnez le lien avec un couteau, du feu, des cisailles... Ce qui vous vient en tête en premier est toujours la bonne solution. Jusqu'à la libération. En miroir, vous pouvez voir que votre Double lui aussi est libéré. Ressentez cette délivrance. Envoyez de la lumière devant vous pour avancer libre et en paix dans votre vie.

LE TALISMAN

Renforcez votre capacité
à croire en votre valeur.

Enseignement

Objet magique, le talisman est réputé pour protéger la personne qui le porte dans de nombreuses cultures. Parfois, c'est la matière qui apporte la puissance (par exemple le métal est considéré comme protecteur dans de nombreux pays, car il est supposé chasser les mauvais esprits). Pour d'autres, c'est un bijou symbolique qu'il faut porter sur soi, censé repousser le maléfice, comme l'œil bleu. Il peut s'agir simplement d'une image, d'un bout de papier ou de tissu comportant une phrase ou des symboles auxquels on est attaché. Croire en cette amulette apporte une force de pensée qui permet de modifier énergétiquement une peur, un repli ou un manque de confiance.

Activation

Pensez à ce dont vous avez besoin pour vous sentir valorisé. Peut-être avez-vous besoin de vous sentir protégé, de vous sentir plus en confiance, ou que vous aimeriez être reconnu dans votre travail, à la maison. Avec l'aide de votre Guide, fabriquez votre talisman en demandant qu'une force s'installe en vous en même temps. Prenez la première idée qui vous vient en tête pour activer l'atout dont vous avez besoin aujourd'hui. C'est peut-être un bijou, une phrase inscrite sur un bout de papier plié en quatre, un bout de tissu tout doux ou un petit objet, un galet, une fleur... Observez la couleur de ce porte-chance puis, en le tenant au creux de votre main, sentez sa consistance, son poids, sa texture. Fermez les yeux et pensez fort à ce que vous souhaitez dans votre futur en disant intérieurement: «*Mon talisman modifie mes vibrations. J'ai la capacité d'attirer ce qui est bon pour moi pour me sentir valorisé et protégé.*» Imaginez ensuite régulièrement votre porte-bonheur près de votre lit, sur votre table de chevet, ou bien dans une poche imaginaire afin de l'avoir toujours à portée de main quand vous avez envie d'en sentir les bénéfices.

À PROPOS DE L'AUTEURE

Lise Bartoli est psychologue clinicienne, psychothérapeute et hypnothérapeute. Formée aux techniques énergétiques, elle a développé le concept de résonance, une aptitude intuitive qui donne directement accès aux informations inconscientes. Préoccupée par le respect de la naissance, elle a créé l'HypnoNatal, une méthode de préparation psychique fondée sur l'hypnose qu'elle enseigne dans plusieurs pays.

Elle est l'auteure d'une centaine de psycho-tests et de plusieurs ouvrages dont *Se libérer par l'hypnose, Comment améliorer son destin – Neuf clés pour mieux vivre sa vie, Dominer sa part d'ombre, Dis-moi comment tu es né, je te dirai qui tu es, L'art d'apaiser son enfant* (éditions Payot) ainsi que *Les Cartes Lumière* (Le Courrier du Livre).

Lise Bartoli conçoit son rôle comme une transmission tant dans sa pratique libérale qu'en groupes lors des formations et ateliers qu'elle anime en France, en Belgique, en Suisse et au Maroc. « Mon but est de faire prendre conscience au plus grand nombre de leur fabuleux potentiel en leur donnant les outils qui vont leur permettre de développer leurs ressources intérieures et d'être autonomes pour continuer d'évoluer. »

Recevant en consultations de nombreux enfants, elle a mis au point une technique de contes inspirés en résonance avec le petit patient. Elle a conçu ce jeu de cartes pour aider les enfants à faire appel à leur « partie qui sait tout », l'inconscient, et à activer leur capacité à résoudre leurs difficultés par eux-mêmes pour grandir avec sérénité et confiance.

www.lisebartoli.com
Lise Bartoli
bartoli.lise

À PROPOS DE L'ILLUSTRATRICE

Illustratrice installée en Provence, où elle a travaillé de nombreuses années en studio de création pour la carterie-papeterie et le dessin textile, Lynä se consacre désormais aux domaines du bien-être, de la spiritualité et du développement personnel. Ainsi, des oracles, livres, spectacles, carnets de coaching, coffrets pédagogiques ont vu le jour aux éditions Marie-Claire, Nathan, Lanore, Ecce, Académie du développement personnel, etc.

Pour elle, chaque illustration est une émotion à transmettre, une invitation à se connecter aux vibrations et à la poésie des couleurs. Entre visible et invisible, avec douceur et bienveillance, son univers onirique nous guide vers plus de sérénité et nous accompagne subtilement sur notre chemin d'évolution. Partager, faire du bien : voilà ce à quoi elle aspire !

Passionnée par l'étude des rêves, la lithothérapie et les fleurs, formée aux soins énergétiques, accro à la méditation et au qi gong, elle balade aussi ses mains entre céramique et papier origami et développe des collections personnelles d'*art prints* en série limitée.

Retrouvez les lumineuses
créations de Lynä sur :
www.facebook.com/studiolyna
illustrationstudiolyna

pca
cmb
édition pré-presse
livres numériques

44400 Rezé